本書獻給每一位對生命熱愛，
對婚姻充滿希望及信心的男女。

金塊文化

激情向左，愛情向右

幸福婚姻99招

愛情婚姻諮商專家
林蕙瑛博士——著

搶救婚姻大作戰

多數人在走入婚姻後感嘆：婚前的激情，為什麼這麼快就走到盡頭？
徘徊在婚姻的十字路口，該繼續向前？或勇敢地掉頭就走？
其實，你的婚姻生活可以過得更好，本書以近百個真實個案，
闡述婚姻關係裡的問題及對策，幫助你擺脫婚姻泥淖，走向幸福的未來。

推薦序

如果說林蕙瑛教授是臺灣談情說愛的天字第一號專家，很多人可能不甚理解，但如果大家知道她從事婚姻諮商工作廿多年，在自由時報連續寫了廿二年的相關專欄，在臺灣、大陸、東南亞、美國……各地做過無數次相關主題的演講，出版了卅多本相關的書籍，就明白我對她的形容，一點也不誇大。

我和蕙瑛老師的家族有悠久的淵源。她的外祖父杜聰明教授是臺灣第一個醫學博士，也是高雄醫學院（今之高雄醫學大學）的創辦人，曾經企圖用微生物毒殺民國初年稱帝的袁世凱，我在醫學生時代的一九七八年夏天，曾經去他位於臺北林森北路的家中拜訪過他，目的是為了寫校刊的專欄，能有機會見到一代宗師並暢談幾小時，是我莫大的榮幸；蕙瑛老師的尊翁林衡道先生是臺灣著名的古蹟專家，我曾經在一九九〇年代與他一同錄製知識性的電子產品；蕙瑛老師本人，那就更不在話下，我們從一九九〇年代初期，開始在臺灣性教育學會一同擔任理監事，至今維持廿多年的友誼，她的優雅風範，一直令我敬佩不已；蕙瑛老師的公子和媳婦，我也有數面之緣，如果他們可以生個子女，我就可以認識他們一家五代人了。這是人生多麼難得的經驗呀！

蕙瑛老師是科班出身的心理學博士，除了在大學教授婚姻諮商和性諮商之外，也長期從事相關的諮商實務，因此是理論與實務兼具的專家，由於不停地接觸個案，也不停地著述，因此她所寫的大眾用書，也就是非教科書，始終都淺顯易懂，適合各階層的人閱讀。

誠如錢鍾書的名著《圍城》所言，婚姻如同一座圍城，城外的人一直想進去，城裡的人一直想出來，因此這世界上多數人會走入婚姻，然而也高達三分之一以上的人又走出婚姻，其中又有些再度走入婚姻，也有人進進出出好幾回，著名的玉婆伊莉莎白泰勒便是個例子。由此可見婚姻對人們的吸引力和殺傷力之大了！因此，又有人說「婚姻是愛情的墳墓」，也因此現代人流行了婚姻體制外的「同居式的同居」、「非同居式的同居」等各種愛情進階版的另類相處模式。

無論如何，愛情對人們的誘惑始終很大，不僅僅是少男少女、青年男女，即使是已經「夕陽無限好」的八九十歲老公公老婆婆，同樣可以譜出黃昏之戀，可以相偕走向紅地毯的另一端。人們一輩子面對了親情、友情、愛情等重要的感情關係，其中愛情大概最容易扣人心弦，叫人柔腸寸斷，難分難捨，也最容易讓人愛恨交加，甚至恨之入骨了。

如何處理愛情、婚姻、性關係，乃成為人生的一大課題，而蕙瑛老師正是這門課的絕佳授課教授。願大家都能從書中的案例和分析，獲得有益的啟發，享受人生。

——鄭丞傑

中華民國一〇一年八月一日於台北

（臺北醫學大學醫學系婦產學科教授、南京醫科大學附屬明基醫院副院長、臺灣性教育學會名譽理事長）

自序

「從此以後白雪公主和王子就過著幸福快樂的日子。」這是多少人對婚姻的憧憬，但也始終無法瞭解，婚前愛得如癡如狂，婚後沒幾年為什麼生活變得平靜無波，甚至怨隙叢生，彼此不滿，導致貌合神離或婚姻解組。痛苦良久後終於恍然大悟，原來婚姻是愛情的墳墓，因此走出婚姻，重現單身的男女，大部分都只要戀愛不想結婚，就怕惡夢再現，人生無望。

既然婚姻無法保障愛情，為什麼還有那麼多男女前仆後繼呢？是他們對婚姻認識不清，被熱戀之火燒得一頭栽入，抑或他們有備而來，勇往直前，反正船到橋頭自然直？當然是兩者兼有之，不過多數人都是第一次結婚，每個人的婚姻生活程序雖一樣，但因個性不同，與另一半的組合形成獨特的生活經驗與感覺，導致每個人所面臨的婚姻問題必然不同。

例如丈夫成天在外打拼，給家人的時間不多，又不幫忙做家事，久而久之，身為家庭主婦的妻子就會抱怨丈夫不體貼、不顧家、缺乏責任感，而丈夫的反彈則是太太沒有見地，個性不好，愛嘮叨。原本是一個共同的困難，卻因個人的認知差異而形成不同的問題，而當事人卻往往不自覺，只期盼對方能改變，而忽略了自己也有該檢討改進之處，並非誰對誰錯，而是認知上的改變，心態上的調整，然後兩人經溝通後再攜手做生活上的配合，才能掃除陰霾情緒，強化夫妻感情。

很多夫妻就是在婚姻中出了小問題時沒在意，吵過就算了，沒想到吵多了傷感情，婚姻問題越積越多，如同滾雪球般，囤積演變成危機。不甘心婚姻破裂的就盡全力去挽救婚姻，但往往是垂死掙扎，有時反而壞了事；而早就對伴侶及婚姻失望、絕望的人也就死了心，任其惡化或黯然分手，沒有爭取權利、懷抱希望來拯救婚姻，其實都是很可惜的事，畢竟婚姻與家庭都是雙方多年經營的成果啊！

戀愛時過的是情緒生活，正向的、美好的、甜蜜的，因為雙方刻意將外面的雜質排除掉，只享受兩人純淨感情。然而婚後過的卻是實際的生活，煮飯、洗刷、餵奶、繳費等雜事不斷，家中瑣事不說，外在環境各種因素的介入更是不可預料。尤其是現代社會，人們的生活不可能一成不變，工作會變動、夫妻常分離、孩子活動多要父或母陪同、孩子越大越難管教、夫妻成長步調不同、個性意見分歧等新的困境不斷湧出，夫妻要維持婚姻穩定、家庭美滿似乎越來越困難了。唯有存有危機意識，未雨綢繆，平日多注意小衝突產生的原因，常看婚姻戀情類書籍，並請教長輩或婚姻諮商專家，學習化解衝突的方法及溝通的藝術，才能達到預防勝於治療的效果。

本人從事婚姻諮商工作已二十餘年，除了諮商實務之外，一直致力於諮商理念的傳播——以文字耕耘、以演講傳達。在自由時報寫了廿二年的專欄，如今特地挑選了九十幾個案例入本書，這些問題都是台灣法律網的網友以及自由時報家庭版讀者寄來的詢問信件，希望能夠經由我的引導而解惑。每個案例都是真實的故事，不僅非常困擾當事人，也很可能發生在你我身上。

這些朋友將煩惱訴諸文字寄給我，求助的動機相當強烈，短短兩、三百字的來函，呈現出投書者痛苦的情緒，以及困擾她（他）的事件或問題；而我四、五百字的回答，除了同理其情緒外，也指出她（他）的盲點，分析緣由並指引方向。雖然感情的問題，絕不是幾句話的回答就可以解決，但是本書各案例中的事件分析，以及對當事人的輔導及引導，都是我本著多年婚姻諮商經驗及專業訓練，而寫出的回信解答。對於被兩性問題所苦的當事人來說，此時一些分析及輔導的話語，會帶給他支持、鼓勵及啟示。這就是所謂的「婚姻諮詢」，較重於觀念釐清，催化當事人頓悟，與「婚姻諮商」不同。

當感情當事人有動機，想要跳脫目前困境，亟思有所改變時，他必須去晤談，經過婚姻諮商的歷程，由婚姻諮商師自客觀角度來分析當事人的認知、情緒與行為，協助當事人對自己的情況，以及行為所造成的影響，能夠看得更清楚、更明白。經過指引及磋商後，當事人可漸漸培養獨立思考，對自身問題有洞察能力，對自己有深入瞭解，並憑著自己所學到的策略，發揮潛能，以自我智慧帶來的創意做法去處理感情的困擾，調適自己的心情，進而促進兩性關係的和諧。

僅在此感謝促使本書誕生的重要人物，有素昧平生卻勇於投書，尋求諮詢的自由時報讀者，亦有台灣法律網電子報來信詢問及討論的讀者，謝謝你們的分享。非常謝謝金塊文化總編輯余素珠小姐的催生與支持，還有我的助理林淑華小姐的一路協助與陪伴。

謹以此書紀念逝世十五年的父親林衡道教授，寫作的時候都感覺您在身旁陪伴。

林蕙瑛

中華民國一〇一年五月三十一日於台北

目錄

C·O·N·T·E·N·T·S

目錄

C·O·N·T·E·N·T·S

目錄

其他

夫妻相處篇

微笑是女人最甜蜜的武器

奇怪耶！怎麼會這樣？

結婚四年，感情不錯，本來想在第五年生小孩，但先生被裁員，我也不知還能待在公司多久，所以決定暫時不生。他現在在家開個人工作室，零星接案，由於經濟緊縮，他緊盯家庭開銷，且規定不能出外用餐，每頓在家吃，由我煮。好沒情調哦！

我認為他既然在家上班也應該做飯，他卻藉口一天工作十二小時很累。據我估計，他一天起碼上網兩小時、看電視三小時，請問我該如何說服他幫忙家務？

問題原來在這裡！

妳不應該「說服」丈夫幫忙家事，他也不能「說服」妳不外出用餐，夫妻之間又不是做生意，不需要說服彼此，而是能對生活中的各項議題有所了解，肯討論，互相妥協彼此同意，如此才能有共識，才能同心執行所決定的事，不是勉強順從或一意孤

行。如此一來，心意就會順暢，笑臉以對，感情就會好。

經濟不景氣是大環境造成的，丈夫還能在家工作接案子，也夠努力了。家是兩個人的，開銷也須由雙方共同訂定規則。節流的方法很多：鮮奶改成用奶粉沖泡、到果菜市場買菜而不是超級市場、不買新衣、改搭大眾運輸工具並減少娛樂等，方法不勝枚舉，但外出用餐是情調，是已婚夫妻愛情的調味品，不妨在家兩頓吃得簡單，省下一些錢到小餐館用餐，一方面享受美食，一方面省去勞力與時間，夫妻也可以聊心事增加情趣。

如果真要省錢，有線電視每月的租金亦可省下來。但如果先生愛看電視，不妨問他是否要停掉有線電視，想當然他會不願意，妳可趁此要求他一起來討論家中預算及如何節流，請他不要太緊張太僵化，有彈性有變化的生活才能增加生活樂趣。夫妻輪流煮飯，各發揮所長，比賽節省菜錢及廚藝，也是一種樂趣，何況先生在家的時間多，煮飯可以從容，不妨鼓勵他一試。

先生能在失業後立即成立工作室，且有案子可接，可見他能振作，不願被時勢打倒，而妻子目前也還有工作，開源節流做得好，讓家中經濟情況還算可以。小倆口一星期約會一次，在小餐館打牙祭，逛百貨公司（要克制購買慾）或在公園散步，都是值得鼓勵的情調活動。

夫妻倆沒小孩更可互相照顧，丈夫在家工作時間較有彈性，但也要制度化，每天規定自己上班八小時，其他時間除了自己的休閒外，可與妻子排班輪流做晚餐，一起用餐也是家庭樂趣。夫妻可聊的議題非常多，因為婚姻生活本來就是由一些瑣碎之事來填滿相處的每一分鐘，不妨多為對方設想，將每日生活變得更美好。

熟悉的陌生人

奇怪耶！怎麼會這樣？

我開小黃為業，早出晚歸，每次與太太吵架都與錢有關，她都翻舊事，讓事情鬧得更複雜，且提議要離婚，因顧及小孩我忍了下來。半年前開始，她在線上打麻將，在愛情公寓交友，一玩都五、六個小時以上，我數次心平氣和與她溝通，一談就吵架，說我管她太多，她只是打打嘴砲而已，何必吃醋？

有次凌晨一點我起床如廁，巧遇她在樓上後陽台與A君通電話，隔天我與她溝通，希望適可而止，別再沉迷，她置之不理。如今生活在同屋簷下卻像陌生人，連一句話也沒了，我透過姊姊勸她，但都沒用，我快崩潰了，不知如何是好。

問題原來在這裡！

開計程車謀生相當辛苦，收入也不是很固定，夫妻應開源節流，求取生活安定心情穩定，若經常為了錢吵架，則顯出彼此價值觀有差異，感情基礎亦不十分穩固，加上相處時間不多，甚少良性溝通及情話綿綿，妻子覺得生活不好過，一旦吵架，積怨全傾倒也必提離婚，你都當她在無理取鬧，很少去同理她，卻一一隱忍下來，真是苦了你，但妻子也不快樂，造成兩人越來越疏離。

她可能想通了，以她的方式找樂子，因此上網交朋友玩遊戲，享受網路虛擬世界的新奇刺激與冒險，沈迷其中廢寢忘食，忘記自己是個妻子與母親，而居然說出打嘴砲之類的不雅之言，其實是在侮辱自己而不自知，哀哉！另外，不睡覺與男性通電話也是過份，只是她若不自覺身處陷阱中，你再怎麼與她溝通或曉以大義，她也不會聽你的話回頭的。

因妻子荒唐的行為而心痛是可以理解的，但因此而崩潰是不值得的，對她逆向操作反倒是一個可行之道。你先照顧好自己的心情，別對她生氣，反而憐憫她的一意孤行，儘量對她好，等到她吃了網路損友的虧，她就知道丈夫的真與好了，你當然不必對她期望太高，她有可能因執迷不悟而離開你，因此先把重心放在自己及孩子身上才比較實際。

搶救婚姻大作戰

夫妻溝通不良常吵架，吵到後來無互動，婚姻關係停滯了，若不處理，婚姻會死亡。丈夫心痛氣憤之餘，若想挽救婚姻，就得從自己做起，盡量表達對太太的關心，並好言與她商量有關開源之事，如何做才能增加家庭收入，亦即邀請她一起來重建婚姻關係。這需要丈夫的愛心與耐心，可能需要一段時間，妻子才能感受到先生的誠意。

沉迷於網路交友的人要立刻回到現實是不容易的，正因為心理不滿足，才會進入虛擬世界尋安慰找寄託。對此可發動孩子及岳父母與妻子多互動，讓她感受到親情的溫暖與真實，才能逐漸分辨現實與虛擬的差異。

婚姻關係可以更好

奇怪耶！怎麼會這樣？

結婚十七年，但五年前我就不愛老公，對他沒感覺了。我一直沒說，是因為怕傷害到他，而我也不認為現在是結束婚姻的時機，因為小孩分別才九歲及十一歲，但我每天都覺得內心痛苦，因為我在婚姻中實在不快樂。

我想去做婚姻諮商，但夫妻相處得不錯，好像沒有理由一起去做諮商。目前我在避免帶給家庭痛苦及私密自我的悲傷中掙扎，哀嘆這不是我真實的人生。到底是要犧牲小我成全家庭，還是去尋找我的真實人生呢？

問題原來在這裡！

妳這種感覺在中年人身上很常見，稱之為中年危機，而妳開始為自己想，想要過真實人生的願望也是可佩的，且妳擔心自己的選擇會對家人產生影響，顯示妳是善良有感情的。然而除了想要離開婚姻外，妳對所謂「真實人生」好像沒有一個明確目標，只是感覺不愛丈夫而已，妳必須找專家談談，釐清自己的生活需求及感情需求，並確立人生目標。

夫妻若能一起去做婚姻諮商，可將妳的內心危機化為轉機，並不是說夫妻相處融洽就不必去做婚姻諮商，「婚姻強化計畫」也是諮商的重要項目，目的是希望婚姻能好上加好長遠維持，何況妳的婚姻因為妳的沒感覺早已產生危機了，如果妳不想驚動丈夫，不妨自己先去做個別諮商，談談自己的困擾。

個別諮商不見得能帶回妳對丈夫的愛，但與充滿關心及熱誠的治療師晤談，可以協助妳整理情緒認清事實。深談之後，治療師能幫助妳找出與丈夫討論的恰當方式，妳就會逐漸產生力量，做妳真正想做的決定，不論是離開婚姻或是重燃妳對先生之愛。只是這個過程仍會是冗長且痛苦的，請要有心理準備。

搶救婚姻大作戰

不論是愛情長跑或結婚多年，感情不是越濃就是變淡。伴侶中有一方或雙方都說

「我對他（她）沒感覺了」，就表示關係停滯。除了個性不合難以相處、虐待或傷害外，也有像上述案例，妻子早就沒感覺了，丈夫卻渾然不知，安之若素，婚姻隨著家庭生活照常運作而繼續存在，其實已有危機存在。

妻子不說是怕傷害老公，其實老公知道是遲早之事。不說出來對丈夫的確不公平，而妻子私下忍受也不好過。畢竟十七年的婚姻糾葛深遠，恩大於怨，若能給自己、給丈夫一個機會來審視互動關係，說出個人期望，也許還有轉圜的餘地，以免婚姻關係結束得不明不白，丈夫則成了犧牲品。如此的自由，妻子付出的代價未免太大了。

長官，何時解除備戰狀態！

奇怪耶！怎麼會這樣？

我的軍人丈夫很自私，自以為是且愛動怒，搞得家中像有顆未爆彈，孩子和我常處於備戰狀態。可能他以為賺錢較多說話可以大聲，但我也有開店賺錢啊！

結婚十三年他幾乎都不在家，大小事都是我在處理，我也想要丈夫呵護，但他卻認為「老婆可以做、小孩可以做，為何還要他做呢？」，常常嫌我嘮叨，要我不要開口。我想和丈夫聊天，他總是不給我好臉色，等我受不了爆發時，才怨我不早說，我明明有說！休假要行魚水之歡時對我很好，但事後又恢復往常態度，我和他相處不下去，想離婚，但想到小孩以及離婚後要如何生活？所以還是待在婚姻裡。

問題原來在這裡！

聽起來丈夫是自我主義的大男人，有很重的男尊女卑觀念，尤其是軍人，多數時間生活在軍隊中，已習慣以軍營為家，真正的家有如度假屋，而屋子既然是妳們母子居住之處，他認為當然是由你們自己去做。他對家沒有強烈的歸屬感及依附感，但家庭妻子兒女都屬於他的一部分，尤其性生活是丈夫的權利、妻子的義務。

丈夫並不是壞人，他對國家負責任，沒有遺棄或虐待他的家庭，但他脾氣不好很難揣摩是事實。他的婚姻藍圖與妳對婚姻的期望完全不同，妳一年一年地盼望夫妻關係緊密，卻是越感絕望，心中積壓了許多不滿與怨恨。現在想突破現狀，就要認清丈夫就是這樣的人，山不轉只好路轉，生氣失望並不能改變現狀，只有自己調整心態，努力工作存錢，寄情於其他事物，至少還有自己的生活，日子也能過得愉快些。

如果僅因為經濟因素而待在婚姻中，妳就得為此付出不快樂的代價。若要留在婚姻中，為什麼不讓自己過得開心些？丈夫回來當他是客人，我們對客人都很客氣，沒有要求，和顏悅色，他會感受到妳與以往不同，先聊些他有興趣的話題並關心他，他就不好意思動怒了。夫妻關係是可以互相引導潛移默化的。

夫妻的職業與婚姻生活息息相關，例如職業特性、工作型態與工作時間等，結婚之前就應有深入瞭解，也得有心理準備雙方在家庭生活中要如何配合。嫁給軍人或警察，婚姻之路會比較艱辛，尤其碰上大男人主義或個性不討人喜歡的丈夫。

案例中的軍人丈夫具權威性、控制性，對待家人如部屬，平日聚少離多，回家就稱王，不顧妻子兒女感受，想要性時則溫柔以待，這是他的本性，他就是這樣的人，很難改變。妻子多年來一直期望丈夫能改變，能表達感情，與家人溫情相處，現在才知道等待無望，想要離去。光等待是沒用的，只有行動及突破才能改變現狀，不論結果是好或壞。

再續前緣

奇怪耶！怎麼會這樣？

離婚後小孩出現焦慮、沒安全感，才知把婚姻看得太隨便。後來為了小孩重新交往，但前夫跟爸爸發生金錢糾紛，雖然解決了但有疙瘩，最後還是分手了。

很羨慕朋友都有婚姻，小孩漸大，不論哪一方照顧都會要找不在的那一個。我很猶豫該不該與前夫復合。娘家很反對，怕我吃苦，若我回頭必有家庭戰爭。前夫跟爸爸的疙瘩還在，怎麼解決也不知道。我擔心無法好好經營婚姻，最後又是離婚收場。算命的說我不適合婚姻，好想給小孩完整的家庭，且對前夫仍有感情，種種原因讓我很煩，很痛苦！

問題原來在這裡！

離婚後才瞭解婚姻的重要性，為了小孩與前夫重新交往，結果又因姻親金錢衝突而分手，孩子依舊受傷受苦。妳不忍且羨慕朋友有婚姻，於是興起了復合的念頭，但分分合合非兒戲及一廂情願，也要看前夫的意願，及兩人對於感情、婚姻及家庭的期待及共識。

算命先生的話不無道理，他是從八字看個性，各持己見不去化解，甚至常起爭執，也難怪雙方都想逃避不愉快的婚姻，亦即當時都未去修正自己的個性，未努力經營婚姻，任其惡化。研究顯示，父母不和家庭中的孩子，人格發展不健全或出現不良行為的比例要比健康的單親家庭高。因此妳所謂「完整的家庭」，如果只是表面上全家住在一起，只是自欺欺人。

成年人共組小家庭，要以夫妻關係為重，娘家為次，而婚姻關係是家庭結構的基礎，感情不好，就不會有健康的家庭及快樂的小孩。夫妻可以離婚老死不相往來，但永遠是孩子的父母，如果能以孩子的福祉為上，為了討論孩子的事，兩人好好在電話上或當面商量，也定期與小孩出遊用餐，讓小孩有確定感及安全感，前夫前妻成為朋友，未嘗不是一件好事。建議妳自己先去找婚姻諮商師晤談，看妳自己到底要什麼，然後再邀請前夫一起去晤談，找出改善目前尷尬關係，化解姻親問題的辦法。

婚姻的存在在於夫妻雙方都有感情，且願意在一起生活，克服生活中的各種困難與挫折，不僅要有愛心、關心、耐心，還要有勇氣與智慧，既然雙方都給不出來，僅為了孩子要有雙親家庭而分了又合，夫妻關係的本質沒改變（不論任何原因，如個性不合或姻親問題），對孩子反而傷害更大，因為給了他希望又讓他失望。

前面提到，行為偏差孩子來自父母不和的雙親家庭之比例高於來自單親家庭，亦即單親家庭雖不完整，但可以是健全的。身為單親媽媽亦可以好好教育孩子，同時與前夫為了孩子而以朋友相待，請前夫以父親的身分善待孩子，定期與之見面相聚，亦即父母雖分開居住，但和平相處並有共識，以同樣的理念在不同的空間及時間內教育孩子，務必讓孩子感受到父母無論在任何情況下都是愛他的。

妻子兵法

奇怪耶！怎麼會這樣？

結婚快六年，第一年每三天一小吵五天一大吵，他每次都不認為自己有錯，都是我先讓步，還被潑冷水。相處至今二人走在街上時像不認識般，他都走他自己的，也曾當場跟他說我的感受，他依然還是如此。

他對他父母很尊重孝順，對兄弟姐妹很照顧，但對我和我家人卻很差。我很辛苦，下班後還要伺候公婆照顧小孩，卻得不到丈夫一點溫暖，溝通也沒用，有好幾次吵到快離婚，最後都因捨不得小孩又留下，我該再忍耐嗎？

問題原來在這裡！

兩人結婚以來就忙著吵架，從未想過在不同個性及歧見中尋求解決之道，大男人主義的丈夫總是先聲奪人，而妳為了息事寧人先讓步，久了就成了夫妻衝突時的互動模式，丈夫得意佔上風，未能顧及妻子的感受，而妳委曲求全，雙方對感情的付出都成了義務與責任，激情與柔情已逐漸消失，誠屬可悲。

在這種一面倒的婚姻中生活的確很辛苦，到底是妳無法融入婆家？還是丈夫視妳為勞動者，得照顧丈夫全家？照理說夫妻應是同心協力經營家庭，分享甘苦並善待彼此家人，妳的狀況顯示出夫妻關係疏離，妻子盼不到丈夫的溫情蜜意，這個婚姻的確是有問題，該與先生坐下來好好檢討，希望兩人共同在婚姻及家庭中努力付出，說出彼此的期待以改善關係，改進現況。

倘若丈夫相應不理仍然我行我素，無心溝通協調，妳就不必將心思放在爭吵或期盼中，而是先找回自己，想辦法讓生活過得有尊嚴有品質。不妨去找婚姻諮商師談談妳的狀況，抒發心中不滿，商討看看妳在這個婚姻中還能做些什麼，是否再做些努力，再給自己與丈夫一個機會。在一段時間的諮商歷程中，妳會發現自己原來逐漸在成長，心情也會改變。

夫妻經常吵架，據理力爭，口氣傷人，吵到後來感情都吵淡了，溫柔不見了，只剩下「有理」及「應該」，由於都是妻子在息事寧人，先讓步，丈夫也就更自以為是了。這種婚姻表面上看起來沒問題，家庭生活照常運作，丈夫反正過得快樂，吵過就算了，妻子聽話，家人親近，他不覺得有問題，然而妻子卻對丈夫及婚姻生活越來越失望。

很明顯地，夫妻在日常生活中毫無親密感。妻子可嘗試一些良性小互動來與丈夫產生親密感，如泡兩杯綠茶與丈夫一起看電視劇或夜晚洗鴛鴦浴，儘量依其個性設計一些兩人可分享的活動。總要先試試這些妻子兵法，倘若丈夫冥頑不靈，再放棄也不遲。

蜜月的滋味

奇怪耶！怎麼會這樣？

結婚剛滿一年，新婚時跟老公想去哪就去哪，但慢慢老公開始不愛和我出門，找一堆理由跟我講道理，說出門要花很多錢，他還要工作沒有時間等等的話，其實他喜歡窩在家裡打電動，或是在住家附近活動。

我常為此感到不開心，總是我一個人愛去哪就去哪，沒什麼話題跟他聊，感到生活沒什麼樂趣和情趣，不知道結婚的意義是什麼，根本不是我想的樣子，很想放棄又捨不得，到底有什麼方法可以改善這些問題？

問題原來在這裡！

新婚時仍在戀愛階段的尾聲，夫妻同進同出，玩得很開心，妳都覺得這個男人好愛妳，事事順著妳，並未察覺到兩人個性上的差異，妳個性外向好動，喜歡新奇事

物，而丈夫卻是講求安定，喜歡待在家中或附近。婚後生活較規律，他本性流露，雙方需求的差異凸顯，逐漸影響夫妻的親密感，妳也開始質疑婚姻的本質與意義，此時如何溝通協調，拉近彼此的歧見實為首要。

家庭生活可以很有樂趣，如雙方輪流或共同煮飯、洗鴛鴦浴、一同觀賞影片，當然不是每天做同樣的事，總要共同想出新鮮點子一起去做。休閒生活亦可規劃，陪先生去看一場他喜歡的電影，然後下次要他陪妳去聽音樂會。夫妻不一定要同進同出，各人可有各自的休閒及朋友聚會，一個人出去自由自在很開心，夫妻同遊時要就當時情境多聊天分享心情。

結了婚對家庭有責任，人生需有規劃，怕花錢不是理由，打電動更不能沉迷。不妨與先生討論如何開源節流，努力工作賺錢，一起花錢享受，也一起慢慢存錢。夫妻間可說可做的事太多了，與其抱著哀怨質疑的心情對他不滿，不如轉換心情，主動與他溝通，說出彼此期望，結婚才一年，越早整治關係越有希望。

戀愛時男女雙方都有強烈激情互相吸引，也會做出一些與自己個性相悖的事，就是為了讓對方開心，且四處跑到處玩。婚後因有自己的小窩，生活作息回復正軌，工作之餘，還要適應新婚生活。個性較內向的一方或雙方，就會窩在家裡放鬆休閒，過兩人世界的家庭生活，與戀愛生活大不相同。

個性外向的一方當然受不了整天待在家裡，抱怨或吵嘴只會令自己更不開心，一個人出去玩可以紓解心情，自得樂趣，但夫妻分享活動及事物越來越多親密感才會增加。因此，外向的一方可引導伴侶共同參與一些活動，分享過程，如在家裡包餃子、到附近看電影，或到社區運動中心打球、游泳，趁還沒生小孩以前兩人多走走，以後有了孩子想出去就沒那麼容易了。

適當的時候要示弱

奇怪耶！怎麼會這樣？

結婚時有誤會沒講清楚，就言語暴力互相攻擊對方，彼此不滿，嫌隙加大，我警覺到熱戰對罵必須節制，乃採取冷戰，每次都是丈夫收尾和好。這樣的狀況常起因於一句傷到我的話，和諧的氣氛立即轉成火爆，如此爭吵不休，沒幾天就吵一次，至今已過了四十個年頭。

我常常立志不生氣，但只要丈夫一句刺痛我的話（可能說者無心，聽者很氣，他常覺得莫名奇妙，我為何那麼愛生氣），就破功了，怎麼辦？吵鬧的生活也影響到孩子，因為我會遷怒孩子，他們會表達時就說「爸媽常吵架」，長大後說爸媽常傷害他們的心，不關心、無法同理他們，有時媽媽做出不正確決斷傷害他們的前途等。我想他們內心對我很不滿，以致叛逆期很長，積怨很深，我該如何是好？

問題原來在這裡！

三五天吵一次的夫妻關係能維持四十年，真不容易，可喜可賀，因為雙方必各有優點，彼此欣賞，且同心愛護小孩照顧家庭。重要的是，吵過就算了，雙方沒有累積情緒影響健康，已經六十幾歲還能繼續吵嘴，真是歡喜冤家！

歡喜冤家的由來就是夫妻之配對。丈夫可能很不會說話，不會說甜言蜜語，而妳卻很敏感，說者無心，但妳愛生氣、愛罵人，他無端被罵當然不甘示弱，反唇相譏，一來一往口水戰爆發。妳也知道這樣傷感情累心力，更瞭解若不發怒氣，丈夫就不會反擊，理智上明白，情緒上卻控制不住，一而再再而三，吵架後裝沒事就成了你們生活的固定模式，雙方都知道不會比這樣更糟了。

其實丈夫一直在忍耐，因為愛妳和孩子，所以選擇在此模式中生存；孩子們沒得選擇，在父母爭吵中長大，他們忍受最多；而妳自己也在忍受心中後悔及歉疚的煎熬。很慶幸地，妳能在四十年後自我覺醒，如果妳願意學習控制妳的情緒，永不嫌遲，不妨去找專精「怒氣管理」的精神科心理治療師或社區諮商中心的諮商心理師。若家人看到妳在努力，過去的委屈必會隨著對妳的愛而雲消霧散。

搶救婚姻大作戰

夫妻冷戰安安靜靜看起來沒有火藥味，其實各懷鬼胎，一方拿翹進攻，另一方策略防衛，這是很累的。無論是熱吵或冷戰，都是婚姻殺手，尤其在冷戰時，心裡都有氣，此時丈夫一句無心之言，刺痛了妻子，她就立刻爆發出來，很容易又回到熱吵。四十年的婚姻均如此，雖是歡喜冤家，卻也過得不快樂。

好在妻子年紀大了回顧婚姻，終於有了自我覺察，相當後悔浪費了大半生，而且影響了孩子的心理。孩子儘管埋怨，也只好自己成長，及至大人，可能要成家立業了，此時母親可以現身說法，向孩子道歉，也請他們以父母為誡，絕對不要犯同樣的錯誤。夫妻本來就應該互相體諒，多為對方著想，逞口舌之快或經常找碴，根本就無法維持親密關係。

親密關係出現裂痕

奇怪耶！怎麼會這樣？

結婚十年，夫妻感情不錯，但最近太太堅持要分房睡，理由是我打鼾太吵，她無法入睡。其實我也不是天天打鼾，而且我不喜歡一個人睡，會感覺孤單，我三度抗議及懇求均無效。

後來我想出一個辦法，同意她分房，但我先在她床上共眠一陣子，若她被我吵醒，請她叫醒我去另一房間睡，她卻一點也不為所動。起先我覺得難過，現在我感到生氣，有被拒絕的不快，請問她這是什麼心態！

問題原來在這裡！

僅因丈夫打鼾就堅持分房睡，聽起來像是一種懲罰，難怪你會有負面情緒，何況你已妥協，答應分房睡，只是要在入睡前兩人同床聊天親熱一下，感覺夫妻的連結性

與親密感，而妻子居然連這個提議都否決了，你一再被拒絕，當然會生氣。

打鼾是常有的事，男女若太累或體重過重均會出現這種現象，夫妻多少得互相體諒。你打鼾也不是故意的，她應該體諒你才對，重要的是要一起討論，找出打鼾的原因。若因太累而打鼾有時難免，可暫時分房睡一兩天，讓雙方都睡得好，此為合情合理；若因肥胖或其他生理因素，就要尋醫早日改善。兩人若能同心來處理問題，不僅可減少睡眠受影響，親密感亦可增加。

目前你遭遇的似乎不只是打鼾的問題，可能與夫妻的親密感亦有關係。十年婚姻僅因你打鼾就堅持分房，內情似乎不單純，不妨找適當機會與妻子談談婚姻中的種種，並詢問她是否有何不滿，或是你需改進之處。你主動出擊，不論有無其他原因，她會覺得被重視被關心，也就提供了整治婚姻關係的機會。

搶救婚姻大作戰

結婚才十年，妻子就堅持分房睡，可見打鼾的問題相當嚴重，你看起來年紀並不很大，打鼾可能是太累或者生理上的問題，及早就醫進行治療應可改善。既然夫妻感情不錯，不妨就打鼾、睡眠及親密感等議題提出來溝通，丈夫肯談，太太就會感受到丈夫的關心，也就更願意把心裡的話說出來。

婚姻生活如常進行，雙方亦有互動，並不表示就有親密感，因此妻子要求分房睡與親密議題必然有關。如果妻子知道丈夫心理上非常依賴她，晚上睡覺希望她在身邊，她一定捨不得分床睡，除非真的因為打鼾干擾到睡眠。因此，丈夫若從日常生活細節來觀察，或可找出一些線索，了解是否妻子感情有了變化。

冤家宜解不宜結

奇怪耶！怎麼會這樣？

A君是我高中好友，結識迄今已十八年，很不幸他娶了很自戀也嘴碎的B女，有一次B女對我太太說了很重的話，所以我們都很不喜歡與她相處。我曾問過其他朋友，他們亦有同感。

他們四年婚姻走來，吵吵鬧鬧要離婚卻始終未離成。現在A君患有憂鬱症，很可能是婚姻影響，他也很少找我出來聊天了，我打電話約他單獨出來喝咖啡，他偶爾會來，但都談得不深入。我猜一定又是他老婆跟他說了什麼。請問我要如何幫助他？

問題原來在這裡！

B女有可能想孤立丈夫，不喜歡他與舊日朋友相聚，尤其是你，她可能知道你對她很感冒，或者A君忙於修補婚姻生活，以致沒時間及心情出來跟你見面。當然，憂

鬱症患者看事情會越來越灰色，對一些原本感興趣的事也很無勁。尤其一想到要出來跟你見面必會引起夫妻不快，但又不願放棄多年友誼，他還是偶爾應約出來，心中卻是有苦說不出。

雖然已婚夫妻可以擁有各自的朋友、興趣及活動，但夫妻若常與彼此的朋友相處，生活中會有更多的分享及樂趣，且可提升夫妻感情凝聚力。你在來函中表達根本沒意願與B女相處，已將她列為拒絕往來戶，未能視夫妻為一體，尊重B女為A君之妻，也難怪B女極其不悅，而這就影響到你與A君的友誼，也可能進一步地孤立A君。

冤家宜解不宜結。A君的婚姻出問題，他與B女需自己努力去處理。身為朋友，你們夫妻最好能偶爾邀請A君夫婦出來用餐或郊遊，盡量容忍B女的個性缺失，但也要試著找出她的優點。當然你也要繼續邀約A君單獨出來見面，你對B女的正向觀點會有助A君的婚姻關係，而他若真處於悲慘的夫妻關係中，也需要有個出口傾訴，以獲得心靈的支持與陪伴。

搶救婚姻大作戰

A君四年的婚姻生活可能是一邊吵架一邊調適，他倆有不相容之處，也必有互補之處，尤其現在A君有憂鬱症，太太並沒有棄他而去，也許已經養成相互依賴的互動模式。儘管B女不討人喜歡，那是A君的婚姻，好不好他可以感覺，要留要走他也可以自主。

很多要好同學結婚後各忙各的，成「友散」現象，但多年同窗之誼是最真實及珍貴的，彼此通電話寫電子郵件傾吐心事，互相支持的行為當然要持續，偶爾夫婦們相約見面禮貌互動，也會讓A君覺得開心。朋友們只要將B女視為A君之妻，至於她愛說些什麼就不必放在心上了。

從「敵人」到「戰友」

奇怪耶！怎麼會這樣？

我先生脾氣很暴躁，又喜歡管東管西，好的時候很好，兇起來時會自殘，專制鴨霸。但他總不認為自己有錯，都說是為我好，舉例：三餐要正常，定時定量，穿衣服不可太暴露，宗教信仰剛好就好。

我四十二歲，先生四十三歲，他總當我是小孩子很幼稚，講不到幾句話就不說，真的很傷腦筋。他還說化妝品會傷皮膚，不能戴隱形眼鏡（上班）等等，我真的覺得他管太多了，請問我該如何與他溝通？

問題原來在這裡！

兩人都四十幾歲，結婚也很久了，為何會在此時對丈夫感到不滿呢？是他的個性在中年變了？還是空巢期夫妻大眼瞪小眼，他才發現兩人的生活方式原來相去甚遠？

來信舉的例子，有些聽起來應是關心妳為妳好，諸如三餐要正常、宗教信仰適度就好、隱形眼鏡長戴對眼睛不好、化妝品傷膚質等，若妳同意其觀點，應以溫和口吻回應，讓他知道妳在身體力行，他就不會再「管」了。

他並非把妳當成幼稚小孩看待，他只是希望妻子言行舉止能符合他的期待，有些男人崇尚男尊女卑，觀念固著，自以為是，妻子兒女若不順從，就會發脾氣。妳先生像是這種人，當情況不如他所期待，且他失去控制的力量時，他轉而自殘，以苦肉計來制服家人，的確令人擔心。妳已經覺得難以忍受，但是往好的方面想，他不發脾氣時也是很好，四十幾歲人已快要知天命了，從現在起，他脾氣應該會越來越好，但是需要妳的引導。

先以接受丈夫為這種人的事實來與他溝通，他不准妳管他，要妳聽他的，妳可先就他所說有道理之事，同意並接納其觀點，並稱讚他對妳的關心；若他所說所做有過份之處，則提醒他太生氣或自殘，對自己、對家庭都不好。既已相處這麼多年，總希望夫妻感情有如倒吃甘蔗，因此妳在態度上可以做修正，亦即接納他為「戰友」而非「敵人」，兩人才能並肩在人生的旅途上愉快度過。

搶救婚姻大作戰

每個人都有自己的原則或執著點，夫妻最好能有多項興趣相似或看法相近，較不會起衝突，但不可避免會有很多差別或背道而馳的觀點，這時不一定要順從對方，溝通協調拉近觀點才是相處之道。

案例中的先生好為人師，喜歡持原則而教誨妻子，大概性子急又衝動，稍不順心即發脾氣，情緒上來時罵出來不夠，又不能打人，只好轉向以自殘來發洩怒氣，及至怒火攻心，皮肉受傷，也讓家人擔心。妻子宜以關心其健康為議題與他溝通，並勸導他學習控制情緒，妻子當然也要懂得如何順著毛撫摸，再曉以健康之大義，這樣一來先生應該較能接受。

深宮怨

奇怪耶！怎麼會這樣？

結婚十三年，兩人生活越來越背道而馳，幾乎沒有交集，我已經沒有興趣讓他碰我了。我整天都覺得他很煩，好想離開他，掙脫婚姻。

孩子跟他也處不好，丈夫實在很自私，自以為是且愛動怒，孩子們都很羨慕同學們有好父親。我常在想，僅因為他是家中賺錢的人，或者我想避免離婚的戰爭，所以還待在婚姻裡？有人說生命短暫，不要活在不快樂中，請問我該怎麼辦？

問題原來在這裡！

十三年前妳與丈夫結婚時，必然是彼此吸引，也就是說丈夫必有其優點。這些優點是否被妳的怨恨與不滿遮蓋了？還是結婚久了，婚姻生活平淡，丈夫的言行不如妳的期望，妳越表示不滿，他就越生氣，乾脆來個相應不理各過自的；也因他脾氣變得不好，孩子不太敢親近他，父子關係不親。

婚姻關係及家庭狀況由好變壞，如果不採取行動，情況當然會惡化。如果妳帶著一肚子怨恨離開婚姻，並沒有嘗試去修補關係，這對妳自己是非常不公平的，對丈夫、小孩亦然。丈夫的本質應不壞，工作壓力、生活重擔、夫妻疏離，都是影響他個性的負向因素，妳沒有上班，不妨花些時間與心力來協助他減低壓力，分擔生活困難，讓他覺得有肩膀可依靠，有管道可訴說。

簡言之，為了給婚姻及家庭一個機會，妳可試著改變與丈夫相處的方式，假設他是個不好不壞的「室友」，先自言談中破冰，像兩個成年朋友的互動一般，客客氣氣一來一往。等雙方都擺脫一說話就引爆口角，就可以開始溝通，說說對婚姻及彼此的期望。由於妳的率先改變，丈夫感覺到氣氛不一樣，防衛之心漸卸除，就不會亂發脾氣，也比較肯去注意家人，這就會是好的開始。

搶救婚姻大作戰

十三年算是長期婚姻了，激情消失柔情不再，夫妻不但沒話講，性生活也沉寂，三餐雖照吃，卻無互動與交集，毫無品質可言。說也奇怪，很多妻子都有此種感覺，婚姻無味，棄之又可惜，在孤寂與無奈中浮沉，不知另一方是否也有同樣的感覺？

大部分丈夫主力都放在工作上，回家很累，家裡若稍有不順心就不開心，期望妻子溫柔相待，而妻子也盼望丈夫熱情體貼，都在等對方主動。當長時間盼望落空，丈夫通常得過且過，這使得妻子的不滿上升，甚至想要逃離婚姻。這種純因倦怠而產生的婚姻危機，只要雙方都有覺察及危機意識，而且願意努力，婚姻還是有救的。

新好男人也會累

奇怪耶！怎麼會這樣？

三十歲時嫁給大我十五歲的老王，生了兩個兒子，老大現在五歲、老二三歲，我好想再生一個女兒，老王聽了居然暴跳如雷，說兩個恰恰好；再跟他提一次，他說寧可離婚也不要有老三。我當然知道他很辛苦，他非常愛孩子，寧可改成兼職工作，大部分時間在家帶小孩，讓我能全力當我的企業主管。

我建議他回去上全天班，我們可請專職保姆在家帶三個小孩，他說又沒有經濟壓力，現狀已經很好。請問我該如何改變他的心意？

問題原來在這裡！

妳無法改變丈夫的心意，除非他自己想改變。來函未說明妳為何想生第三個，若是想要女兒，也不見得再生一定會是女的，何況妳有兩個兒子，以後娶媳婦就有半個

女兒相陪。如果妳都無法說服自己生第三個，又如何讓先生瞭解妳的想法與需求呢？先生則是言行一致，他結婚晚，有了小孩非常高興，視若珍寶，想要親自陪伴教養，而且自得其樂，他主內而讓妳主外，顯示出他支持妻子愛家人，妳有以他為榮為傲為樂嗎？

照顧幼兒是很辛苦的，除了三餐餵食外，還要有品質的陪伴，亦即要懂得如何與小孩說話，言行之間就是身教言教，需要花許多時間心力及體力。妳若再生一個，他又得從頭帶起，他必然覺得太累，也怕傷害了照顧二子的生活品質，畢竟五十出頭的人了，也要留點時間及體力給自己及夫妻互動。

你一定覺得失望及遺憾，但丈夫已經把話說得很明白了，再生一個有可能破壞目前和諧的家庭關係，甚至毀掉婚姻，妳總不能為了自己的欲求，而犧牲丈夫的快樂。他愛孩子如命，不肯讓保姆來帶小孩，也很滿意目前的婚姻與家庭生活，妳是否也該惜福，享受每一分鐘的幸福與快樂？

「新好男人」、「新好女人」的定義為：內外兼顧，剛柔並濟。在男女平等已經喊了很久的現代社會，到底有多少新好男人及新好女人？有一點可以肯定的是，新好女人絕對比新好男人多。而「女強人」的新定義比較符合「新好女人」，意指事業上做得很成功，家庭也照顧得很好的女性。

案例中的老王，年過半百，決定順著個性，改兼職工作，在家陪伴及養育孩子，並愛惜太太的才華，全力支持她在工作上發揮，這就是個不折不扣的新好男人。以他目前的狀況，照顧兩個小孩，加上兼職工作，他的能力、時間及精力用得恰恰好，也難怪他不想再有第三個小孩了。

臉書戰爭

奇怪耶！怎麼會這樣？

婚前我就經常在ＭＳＮ聊天，並以e-mail傳情，婚後只是偶爾與老同學在聊天室閒搭。最近同學們都流行上臉書，但我先生卻十分反對臉書，他說既無隱私又無安全性。

為了獲得同學的最新訊息，我也登上臉書，只填某高中畢業，其他資訊欄空白。某日先生發現我上臉書，非常生氣，說我欺騙他，我卻認為這是我的私事，與他無關。為此大吵又冷戰，他說我說話不算話，我則認為他既保守又過份，怎麼辦？

問題原來在這裡！

聽起來妳似乎曾同意丈夫反對臉書的觀點，他乃以為妳不會去上臉書，結果他發現妳居然在臉書上與同學聯繫，才會認為妳欺騙了他，而妳的意思好像是說丈夫反對臉書是他的事，你選擇享受臉書是妳的權利。兩人意見相左溝通不良，小事釀成大戰，很難收拾，但解鈴還需繫鈴人，妳得去面對丈夫，以此議題與他溝通。

上臉書與同學們聯繫，又沒做什麼壞事，當然可以理直氣壯地面對丈夫，告訴他妳既沒放照片也未登錄詳細資料，更未打算與不認識的人交朋友，這只是與同學保持聯絡的方式而已，同學們都這麼做，妳只好也順應潮流。先表達妳的動機及所做所為，讓他放心，然後再好言勸他接受妳上臉書的事實。

為了讓他安心，妳可以說「我知道你不喜歡臉書，但我使用它只是為了聯繫同學而已，平常大家不常見面，偶爾通通訊息，比一個一個打電話聊天，在時間及體力上都更經濟。歡迎你上我的臉書，如果你認為有必要的話，不過我還是希望我們在互信的前提下，互相尊重與理解，我承諾我會對此行為負責任，你不用覺得不安或替我擔心，謝謝你！」妳說得越多，他越能聽進去。試試看吧！

搶救婚姻大作戰

網路資訊越發達，個人在網路上曝光的機會越多，也造成更多的人際糾紛及社會問題，不論是上臉書也好，推特也罷，個資能不登載就不要登載，且要有自制力，不要因為同儕都曝光且天天抒發心情報告瑣事，就情不自禁仿效行之。有許多人不上臉書的原因是太花時間，容易上癮，或者不想揭露太多自我。

案例中太太並未答應先生不上臉書，不算欺騙。是丈夫以為太太與他想法做法一致，所以有被騙的感覺才會動怒。妻子採取自我防衛，丈夫則堅持己見，僵持不下，想要爭取上臉書權利的妻子，宜好言向丈夫解釋，且每次上臉書時請先生在旁邊看，分享妻子與同學對話的喜悅，並再次保證沒有洩漏隱私，也沒有與陌生人搭訕。

還能繼續嗎？

奇怪耶！怎麼會這樣？

結婚一年半，經歷大小爭吵，他是大男人，做錯事怪罪別人，對爭吵的事不想再重提，脾氣超差，會摔東西。他是單親家庭的小孩，婆婆非常疼愛，但他對婆婆常大小聲，絲毫沒把長輩放在眼裡，每次勸他，依然故我。因經濟不甚寬裕，十分節儉，有次我因搭火車沒用悠遊卡，投零錢買票（價差不到台幣十元），他竟然一氣之下放我鴿子，不告而別。

多年來他做的家事屈指可數，而我一年難得回車程只有十五分鐘的娘家一次，因屬高齡，目前正用中藥調理身體想要懷孕，但又猶豫要離婚，想到以後難有愉快的家庭氣氛，還要承受精神壓力，他似乎不值得我託付終身。我該如何才好？

問題原來在這裡！

結婚後才發現丈夫的大男人個性、脾氣壞、小器成性及對母親不敬，完全不是妳期待孝順父母體貼妻子的丈夫形象，雙方的互動大概只是家庭日常瑣事，關係不緊密也難以溝通。在這種情況下妳還想要懷孕，僅是因年紀大了要趕快生，還是想將為人父的角色加諸在先生身上，希望他會因此而成熟些？而這兩者皆不是妳該懷孕的理由。

結婚才一年半，感情關係就這麼差，處處看他不順眼，生活得很不快樂。請仔細想想，是自己所遇非人，還是雙方差異太大不知如何拉近，或者個性南轅北轍本不相容？當初戀愛為什麼沒看見？建議妳找婚姻諮商師個別晤談，釐清自己的愛情觀與婚姻觀，評估婚姻是否有走下去的必要，看看自己是否願意繼續待在婚姻關係中，並邀請先生共同檢討，努力改進。這會需要一段時間，但端視妳願不願意給自己及婚姻一個機會。他的確是個被寵壞的小孩，需要有人點醒他來對母子關係及夫妻關係有自覺。

倘若理想的做法無法實現，妳再三覺得無法與這個男人長期共同生活，婚姻真的糟到沒有希望，而自己也因看清雙方的不相容性，可以義無反顧地離開婚姻，則妳應趁還未有小孩之前，做對妳自己有利的選擇。

搶救婚姻大作戰

家庭是人際關係的基地，一個人對家庭成員的態度可以反映出他的個性，也可預測他在外的人際關係。案例中丈夫對妻子苛刻、對母親大小聲，脾氣不好人際關係亦差，想必工作也不怎麼樣，導致出現經濟壓力。綜合而言，他是一個內外都不快樂且沒自信的男人。

一年半的婚姻就已千瘡百孔，越來越無戀棧之處，妻子卻仍想懷孕，顯然有欠考慮。孩子不會令父親改變，使父母和好，而是丈夫自己得有覺醒、有愛心、肯改變。以目前狀況看來，妻子身體本來就不好，生完孩子料想得不到丈夫的體貼照顧，搞不好還會得產後憂鬱症，而孩子的一生幸福未卜，是有風險的，孩子應該生長在父母相愛健全的雙親家庭中。

婚姻的中年危機

奇怪耶！怎麼會這樣？

小美人好、熱心，勤儉持家，她的生活只有家跟孩子，我長年在外奔波沒有後顧之憂，過去廿年我都順著她，相安無事，自從我轉換工作跑道坐辦公室後，較有時間及心情與同事深聊生活及人生哲學，才發現自己的婚姻只是一具在運轉的空架子，沒有實質內涵，原來我一直和一個個性強悍堅持己見的女人生活在一起。

我鼓起勇氣提出離婚，她吵過哭過卻也接受了，接下來是各方責難，我不想解釋也覺得愧對她娘家，但我真的自由了也比較快樂，請問我真是負心漢嗎？

問題原來在這裡！

兩個傳統觀念的男女生活在傳統婚姻中，她擁有丈夫小孩，甘之若飴，而你盡本份辛苦工作也享受家的溫暖，本來都沒問題，但是夫妻間缺乏心靈溝通，你也很少表達自己對婚姻的期望，只求息事寧人家庭平和。然而內在的你始終感到一個缺口，卻從未去思考與探索，直到你有機會傾聽同事的生活，交換想法，你才發現夫妻間原來缺乏的是交流瞭解及親密感。

如果你真是覺得離婚後自由自在身心解放，比待在單調停滯的婚姻關係中快樂，則你的選擇並沒有錯。而凡事有得必有失，你失去親友對你的信賴與支持，需要時間才能讓他們明白，你的問題在於沒給前妻一個機會。如果你早能瞭解自己欠缺什麼，嘗試以各種方式向她表達，邀請她與你一起成長或去做婚姻諮商，即使她無法理解或改變，至少你試過了。

你因中年危機而離開妻子，現在她面臨中年危機與離婚痛苦，大家當然會同情弱者，你也開始覺得良心不安。現在你可以做的是經營良好的前夫前妻關係，視她為朋友，除了與孩子經常見面外，帶小禮物或她愛吃的食物去探望她，講話客氣有分寸，舉止有禮，讓她感到被尊重，但又不會誤解你的言行，雖然愛情沒有了，但友情、親情的肯定，會令她好過些。

搶救婚姻大作戰

剛結婚那幾年，夫妻忙著打拼生活，賺錢養小孩，存錢買房子，全心為這個家。等到婚姻平穩生活安定年歲也增加後，開始沉澱心情，反省人生，才發現自己真正想要的是何種生活，原來與枕邊人的距離如此遙遠，又因長久未情話交流心靈溝通，突然覺得無法與陌生人相處，乃離婚求自由，此種心境是可以了解的，但沒有嘗試給自己及對方一個機會就結束婚姻，妻子當然會覺得滿腹委屈與悲傷。

做人要厚道，婚已離，若不可能復合，也要盡道義責任修補前妻破碎的心，試圖在生活上照顧她，並真誠表達可以成為朋友，且兩人永遠是孩子的父母。

退休憂鬱

奇怪耶！怎麼會這樣？

結婚三十年，丈夫一直是奉公守法的公務員，生怕生活有壓力，我也量入為出，做代工開源並節流。兩個孩子，老大已婚，老二在大陸上班。老公退休半年來鬱鬱寡歡，不在乎我陪不陪他，很少說話，孤立自己。

親友都說他有憂鬱症，我催他去看醫生他拒絕了，我很不快樂，總覺得自己是多餘的，也想過要離開他去上海陪老二住，又怕先生情況變得更糟，但我不能犧牲自己的生活啊！我很想下最後通牒，逼他去看醫生，否則我就走人，您認為如何？

問題原來在這裡！

你先生需要的是健康照護專業人員的介入，而不是妳的最後通牒。既然他如此抗拒看醫生，妳不妨自己先去找諮商心理師，先瞭解妳的心情及來自他的壓力，再請諮商師協助妳瞭解有關丈夫憂鬱的狀況，並一起找出妳可以因應的正向方法。此外，召集兩個兒子開家庭會議，共商大計，如何讓老爸的生活較有生氣，並找到自己生活的新目標。

不過眼前最重要的是全家人一起說動他去精神科求診，若有憂鬱症則需先服藥，並定期做心理治療，家人的支持與陪伴同等重要。若只是因退休而引起的過渡性憂鬱情緒，也一樣要給他關心陪伴及正向引導。多讓他已退休的同儕親友找他出去聚會，或請他們來家裡用餐，吃吃聊聊，也會有療效。

憂鬱症是可以治療的，然而很不幸的，許多憂鬱之人拒絕尋求協助。如果妳離開丈夫去上海「避難」或「過自己的生活」，丈夫的日常生活失去秩序，他可能會更消極更憂鬱。當然妳有時也得出去透透氣，好在妳還有兒子媳婦，可以請他們幫忙。總之，這是先生人生的一個關卡，家人有道義及責任陪他一起度過。

搶救婚姻大作戰

先生一輩子都在工作，處理事情與人接觸，一旦退休，情況完全不同，沒有正常上下班作息，沒有公事，更沒有人說話，每天與老妻大眼瞪小眼，生活枯燥無聊，感覺人生無望，這就是許多退休族剛退休時的寫照。人的每個生命週期都不一樣，必須面對且調適，若只是一味地緬懷過去哀嘆現在，不得憂鬱症也難。

本案例因成年子女不在身邊，妻子勸不動丈夫，又不想和鬱鬱寡歡的老公長年相處，很想逃開一陣子，這是人之常情。不過丈夫才退休半年，還在適應期，妻子應體諒他陷於自己的灰色情緒中跳不出來，以耐心及愛心陪伴與引導，當然也要發動親友一起催促他去看醫生。

怒氣生怨偶

奇怪耶！怎麼會這樣？

結婚到現在，先生還是喜歡宅在家裡，幾乎很少跟我出門，跟我講話的口氣有時很兇，甚至出口成髒，我只是請他不要對我講髒話，他就說我態度不好，叫我講話不要那麼大聲，言語暴力也是家暴的一種對吧？

我實在很不想跟他繼續生活，很想跟爸媽提這件事，但不知怎麼開口，還是有什麼辦法可以解決這個問題？

問題原來在這裡！

先生可能自小宅慣了，對外界事物不感興趣，人際關係亦普通，只有在家他才覺得自在、安全。看起來他很自我中心，不喜歡妳干涉他或出主意，當不順他心時，他就口氣變兇，甚至飆髒話，這的確顯出他的不良教養與壞脾氣，也反映出夫妻間的無親密感，婚姻已岌岌可危，孩子也會受到不良影響。

當初結婚必然看上丈夫的某些優點，婚後缺點一一浮現，那些優點是否還在？原先他追求妳時對妳的好現在是否無蹤影？夫妻要能互相尊重，相愛相知相惜，婚姻才能走下去。聽起來現在是欲振無力，但也不能就此放棄希望，因為妳似乎還在徬徨，走出婚姻並不甘心，但留在婚姻中既無味、無趣，也生氣。

向爸媽提起婚姻中的種種，可以傾訴內心困擾，獲得同情、安慰與支持，但他們不能替妳決定去留。妳是成年人，得承擔起自己的生活，而婚姻是目前生活的重大部分，身在其中，不妨改變態度，瞭解及接納丈夫就是這種人，以不激發他言語暴力的中性語言及態度與之互動，投其所好，對他關心，觀察一陣子，看他是否能接收到妳的善意，而改變對妳的態度。同時妳也要先去做婚姻諮商，回顧並檢視婚姻生活中夫妻互動的各層面，評估這個婚姻的價值及展望，以及個人的人生規劃。談得越多就會看得越清楚，去留在心中自會分明。

搶救婚姻大作戰

戀愛時經常出去約會，說些取悅對方的話，專注於兩人世界，只看到婚前交往的部分，很難認識對方的全部，也就是說認識不夠深，未用心去觀察及感覺對方的個性、脾氣及生活習慣，只看到戀愛時兩人的契合性，看不到未來共同生活的不相容性，到婚後才發現戀愛時沒看到的缺點就有點晚了。

不論是語言暴力或肢體暴力，通常會在婚姻生活中逐漸顯露，且會變本加厲。有的配偶被罵慣了，尤其是三字經，就當它是口頭禪，雖然不舒服卻默默忍受；但有些配偶無法忍受精神虐待，越吵越兇，自己傷心又損元氣，最後只好訴請離婚。至於肢體暴力慣犯因會危害家人的身體及生命，通常妻子也都會訴請離婚，帶孩子離開。

我的太太是女強人

奇怪耶！怎麼會這樣？

結婚八年多，結婚時就知道雙方觀念相差很多，只是我當時認為雙方可以互補，為對方提供不同的思考，但最後還是出了問題。她結婚後幾乎每天加班，晚上大概九點或十點回到家，我說不是不能加班，而是不能每天加班，她的回應是為什麼不可以。

搬新家後加班狀況有改善，每晚大概八點到家，但不到三個月，她又主動要求公司派她出國半年，快要期滿時又要公司延長半年，根本沒有在家陪伴小孩教育小孩。她的事業心遠比家庭還有小孩來得重要，我該怎麼辦？

問題原來在這裡！

夫妻觀念相差許多，若彼此都能欣賞差異點，經過溝通後有共識，認為可互補，仍是可和諧相處的，但你在婚前只是一廂情願地認定，兩人並未深入討論達成共識，因此婚後妻子以自己想要的生活方式投入工作，而你卻以家庭小孩為重，兩人雖同在一屋簷下，生活觀念卻甚少交集，漸行漸遠，已快到不能忍受的地步。

令人困惑的是，妻子每天十到十二小時在公司，或長期到國外出差，她有時間與丈夫小孩親密互動且顧及家庭嗎？這八年來夫妻互動及家庭生活是如何進行的？是她的個性想當女強人，還是因為婚姻生活不吸引她，才寄情工作？她回應「為什麼不可以每天加班？」的確耐人尋味，已擺明了工作比家庭重要，反正有丈夫在顧家，她就可以無後顧之憂去做她愛做的事。

問題是婚姻與家庭並非擁有後就會永遠存在，妻子似乎不懂得此真相，她不是不愛家庭，只是愛的不夠多，而婚姻與家庭必須是夫妻倆一起來建立與經營，你一個人苦撐，到後來會感覺很累且不平，兩人就會吵架翻臉，倘若離婚則三敗俱傷，小孩尤其受害。因此找時間多與妻子溝通，談及家庭的重要性，請她盡量在家庭與事業中求取平衡，若她仍選擇工作，則你勢必得做選擇了，是維持現狀，還是另有打算。

搶救婚姻大作戰

婚前若知道價值觀及人生觀相差很多，當初就不該結婚，可能是被親密激情沖昏了頭。認為個性不同可以互補，但觀念相差太遠則難以相處，除非雙方都願意以愛心和耐心慢慢磨合，但年輕一代的婚姻，很多最後都以個性不合為由收場。若能自婚姻互動中領悟問題癥結，學到教訓，則未嘗不是好事。

案例中的女主角看起來像是事業女強人，婚前與丈夫並未有家庭藍圖及共同人生計畫，婚後幾乎天天加班，她的觀念似乎是結婚生子就夠了，既沒分給家人足夠相處的時間，也未親身教育孩子，好在她有個疼愛妻子兒女的丈夫，只是任何婚姻，雙方對家庭及孩子的付出若是不平等，這個婚姻長遠必定會出問題。

假日夫妻

奇怪耶！怎麼會這樣？

老大六個月時先生升遷到台中任廠長，每週五晚上回台北，週日晚又開車回工廠。如今老大兩歲半，老二也五個月了，白天我上班小孩送保母家，晚上我自己帶，週末媽媽會過來幫忙，讓我有時間與丈夫相處。我已厭倦一個人教養小孩，而且父親角色缺少不是對孩子不好嗎？

談過幾次要他找台北的工作，他說在台中工作很愉快，薪水也不錯，不要委屈自己做低薪又不感興趣的工作。我開始擔心兩地分離是否會對婚姻及家庭造成危機？我該怎麼辦？

問題原來在這裡！

白天上班，下班後又得帶兩個小小孩，的確是太辛苦了，而孩子此階段的主要照顧者必須父母同在，才會與兩者一樣親，以後長大才容易教育。週末父親的角色在家庭及婚姻中真的不夠，若是一年以內的過渡時間還能忍耐，已經持續兩年了，妳也感到很累且不對勁。

看起來先生已經習慣住在台中，也很喜歡那份工作，因此妳要跟他說的，不是回台北找工作，因這樣等於要他放棄這份他認為不錯的工作，他當然聽不進去，而是與他討論這份工作對他的意義以及未來是否有展望，也許他喜歡這份工作，卻認為舉家搬到中部可能是自私行為，還是他一個人每週開車回台北比較簡單，所以就一直維持週末回家的狀況。

山不轉路轉，妳有沒有考慮搬到台中全家團圓？孩子還小，妳暫時不工作照顧他們，是孩子受益，等孩子稍大妳再回職場。最重要的是營造一個完整的家庭環境，讓丈夫學習怎樣做個真正的父親，體驗平日與孩子互動的狀況。夫妻眼看小孩成長的點點滴滴，不僅有共同話題，也能拉近彼此距離，增進感情。並不是說女人就一定要犧牲，得看狀況與得失，何況通常都是有失必有得，有得必有失，人生很多事情都是很難兩全的。

搶救婚姻大作戰

兩份薪水的家庭生活絕對比一份薪水寬裕、舒適且有安全感，尤其在台北住慣的妻子兒女，當然很不想舉家南遷。到陌生的都市大家都要重新適應，也得疏遠老朋友開始交新朋友，是生活大變動，所以本案例中的妻子從未想過長住台中全家團圓，但兩年來大多時間所過的假性單親生活，已使她逐漸覺得不妥，對現狀感到不滿意。

既然先生的薪水不錯，全家搬去團聚，生計應是沒有問題，何況台中的消費較臺北稍低。等到妻子兒女習慣台中的生活，孩子就學問題也解決了，妻子可以開始找工作，全職兼職都可以。小孩的童年能有雙親在旁是非常重要的，有角色模範，且父母也是照顧者及家庭玩伴，這些早年生活的點點滴滴，對他們良好個性的形成有很大影響，夫妻也會因更多分享而增加親密感。

他不壞，只是有點「宅」！

奇怪耶！怎麼會這樣？

先生因為工作性質特別，無法出遠門，這點我可以體諒，他的活動範圍都是固定幾個地方，有時我也會同情，但日子久了，就會覺得生活單調乏味，沒有變化缺乏樂趣。

脾氣好時他對我很好，還能聊聊家中大小事，但心情不好就會悶悶不樂或數落別人，有時我不想跟他計較，但又覺得自己委屈，矛盾的心情讓我陷入無底深淵。很想要有小孩，但這樣的情形可能無法培育出愛的結晶。在我心裡有很多問題和不確定，我是否該去看心理醫生比較好？

問題原來在這裡！

先生因工作性質無法出遠門，但他總有休假時間，走出家門，不論是在市區或近郊，仍有許多活動可共同進行，如看電影、聽音樂會、到燒烤店喝啤酒吃烤肉，甚至倆人到郊外湯屋住宿一晚浪漫整夜，或者爬山野餐，休閒娛樂有變化，樂趣會提升，夫妻感情亦會增進。妳的問題似乎與先生的工作關係不大，而是在於他的個性特質，相當宅。

先生本質應是不錯，也不是不愛妳，只是個性內向，工作單調，他並無野心換工作，只想過安定的生活。工作的部分就隨他吧，但家庭生活的部分妳可以試著引導他。趁他心情好時與他談論休假日出去玩或在家請客的計畫，引他說話貢獻意見，而實踐計畫時則經常稱讚他感謝他，令他覺得他的參與很重要也很有趣；當他悶悶不樂時聽他抱怨訴苦，讓他感覺到你的陪伴和支持。先不要反駁或指責他數落別人，等他講完後再柔聲柔氣客觀地分析狀況給他聽，如果妳言之有理，他會慢慢接受的。

夫妻並不需要整天黏在一起，妳想出遠門，可以找朋友去國內景點玩玩或加入國外旅行團，先生雖不能陪妳去，他必然樂意看到妳開心。兩人感情好，心連心，對建立家庭有共識，願意擔負家庭責任，才能生小孩。妳目前婚姻尚在溝通及磨合階段，可以去找婚姻諮商師深入晤談。

搶救婚姻大作戰

很多人都因不同的工作性質而形成某一種特定的生活模式，案例中的男主角有可能因個性關係才選擇了他的工作，下班後還隨時待命，他自己可能很習慣且甘之若飴。新婚時妻子也喜歡兩人膩在家中，但時間一久，她想恢復自己原來的生活方式，這就與婚後兩人共同的生活模式有了矛盾，當然也因為相處久了，更瞭解先生很宅的個性，覺得自己很委屈。

妻子開始埋怨丈夫，質疑婚姻，心裡擔心的事情越來越多，甚至懷疑自己的想法是否正確。妻子確實該先做心理諮商，整理自己的情緒，找到兩人之間的癥結。丈夫當然也不是全無可取之處，不妨先欣賞其優點，然後再就彼此個性差異慢慢談開來，一起尋求解決之道，例如各退一步，以使對方覺得被重視，心理上舒服些，才容易提升親密感。

從愛人到室友

奇怪耶！怎麼會這樣？

結婚五年多，第一年就吵到要離婚，後來因小孩關係搬去跟公婆住，他視家人比我重要，所以倆人問題越來越多。結婚沒幾年發現他變好多，每次跟他出門，走在一起像是不認識的人，曾跟他訴說感受，他還是一樣走他的路。

他很自私，每次只抱怨我對他不夠關心，但我身體不舒服時他也沒關心我，跟他說我的感受，希望他能對我好一點，但他依然故我，好幾次真的想離婚，最後都是為小孩又忍耐。真的好累又不快樂，該怎麼辦？

問題原來在這裡！

結婚後男女雙方的差異性，不論是個性特質或生活習慣，都會逐漸浮現，必須要有意願溝通、磨合，才能有良好調適。兩人之間的問題還未解決，就因小孩的到來而搬進婆家，人多事繁嘴雜，問題就更多了，有如滾雪球，吵到後來感情變淡，雙方都覺得很無奈，妳更覺得無力，只想逃開這個婚姻，但為了小孩，只好繼續待在婚姻裡，每天都不快樂。

當初若不搬回婆家，婚姻的潛在危機或許較易化解。兩人再怎麼吵，最後終得同心來化解衝突，夫妻才能一起照顧小孩，家庭功能才能因此而運作。搬回婆家後，小孩由公婆幫忙照顧，總得忍讓他們幾分，夫妻缺少私密性，而最大的問題即在丈夫又退化成父母眼中的孩子，依賴原生家庭太多，凡事有父母提醒及擔當，以致忘了如何扮演丈夫與情人的角色，而妳對他由盼望到失望，妳的情人角色也不見了，存在於生活中的只剩下冷漠與抱怨。

妳口口聲聲說為了孩子，然而夫妻感情不好，孩子人格成長會有偏差，因他們沒有良好模範可學，看到的都是父母負向互動。你們已經浪費太多時間在抱怨與吵架上，眼看孩子日漸成長，為了孩子，不妨與先生溝通，兩人試著做朋友，先打好友誼基礎，再進入伴侶關係。另外，如果經濟狀況許可，還是搬出來自組小家庭，磨練父母角色及情人角色吧！

搶救婚姻大作戰

婚姻中夫妻及情人的角色不見了，連朋友也不像，比較像是室友，為了小孩住在公婆家，大概就不敢大聲吵，勉強將怒氣壓下去，雙方沒好臉色看。丈夫與家人的關係幾十年來都很緊密，與他們相處很自然，可能有說有笑，妻子看在眼裡就更不滿了。就因為生丈夫的氣，妻子也很難融入婆家，親近家中每一成員，生活重心變成只有孩子，覺得孤單沒溫暖。

夫妻互動變成惡性循環，丈夫希望太太笑臉相迎說他愛聽的話，結果失望了，自然沒好臉色，而太太卻期待先生多體貼多關心她，雙方期待一再落空，就越來越疏離。太太寫信來尋求協助，顯然很想突破現狀，她可以先去做婚姻諮商，試試改變自己，盡量與丈夫有良性互動，觀察對方的反應，然後與諮商師一起評估這個關係是否真的難以維持，再行對策。

愛從包容開始

奇怪耶！怎麼會這樣？

過完年後妻子公司裁員，她的工作越來越重，小孩睡覺後，她就開始把電腦放在腿上半坐在床上工作，她說要有工作動力所以要開電視，就這樣常常忙到凌晨一點多。可憐我是需要七小時睡眠的上班族，電視聲及打鍵盤的聲音干擾我，總是翻來覆去難以成眠。雖然她說半夜加班只是過渡期，我卻覺得漫漫無期。我請她停止工作早點睡覺，她就說我自私，兩人經常賭氣而眠，不知您有什麼好建議？

問題原來在這裡！

累了一天總想睡個好覺，你當然會覺得被干擾，難以成眠，太太也是不得已，她必定也很累，但工作沒做完她更睡不好。當前技術性的解決方法是請你太太戴上耳機聽電視聲音，並換上輕巧安靜的電腦鍵盤，且在電腦螢幕裝上濾光膜，可以減低其亮度，而你也可以戴上眼罩。雙方都以尊重對方的態度做些措施，干擾可以減輕，心情上亦可放鬆，不妨試試看。

這樣的做法看似問題解決導向，但真正的議題是在於臥房的功能及夫妻的親密感。臥房應是每日繁雜生活的避難所，身為有學齡小孩的父母，你們在家中需要一個可以休息、充電及親密的空間，因此你們對臥房的環境布置、氣氛應有共識及期待。

不妨先與太太溝通，強調臥房的功能，讓她了解臥房不是工作的地方，何況半夜工作也太辛苦了，對她身心均不利，也影響到你睡覺，長此以往還會傷害親密關係。如果她真的必須趕工作，則你可以在下班後多做家事，監督小孩功課，讓太太盡量在睡覺時間前將工作做完，你們就可以關燈同時就寢，枕邊細語，親熱擁抱。另外，最好能養成在客廳看電視的習慣，將臥室內的電視機移出，或者約法三章，週末則可看電影頻道至深夜。

搶救婚姻大作戰

夫妻生活習慣不同本應互相尊重，但生活作息最好能一致，尤其是有小孩的雙薪家庭。回到家就要放鬆，與孩子互動，等孩子就寢後就是夫妻的兩人世界，可卿卿我我，分享心事。因此除了以上的調整方法外，太太下班後繼續在公司加班一至二小時也是個辦法，此時同事大都已回家，清靜無干擾，可有事倍功半之效。

妻子留在公司加班時，丈夫就得扮演家庭煮夫的角色，並督促孩子做功課，或者帶小孩上街買便當。媽媽若是遲歸，父子可以先吃，但有時也可以讓孩子先吃以便洗澡做功課，爸爸才能陪媽媽一起吃晚飯。總之，丈夫多擔待，盡量鼓勵太太在正常就寢時間前將工作趕完，才是上策。

先愛自己才能愛人

奇怪耶！怎麼會這樣？

先生長期酗酒、失業，又拿酒瓶砸我。為了工作及照顧小孩方便，我搬回娘家住，讓父母幫忙照顧，我安心上班。但先生不願跟我離婚，在身旁朋友幫忙之下，我收集了他長期酗酒以及他酒後暴力的一些證據。

這樣的先生，這樣的生活，已經讓我無法和這個人共同生活下去，可是每當看著孩子，我就會想還是先拖著吧！但拖久了，這些有助我離婚爭取撫養權的證據，也可能沒用，我該怎麼辦？該不該離婚？

問題原來在這裡！

酗酒加上家暴的確是婚姻的致命傷，長期失業使得先生自暴自棄，一個已經不愛自己的人當然無法愛家人，為了自身安全及家庭生計，妳只好自力救濟，搬回娘家，

這是目前最明智的做法，但也是別無選擇。由來信可看出妳不想繼續待在婚姻中，去意已決，但因丈夫不肯離婚，雖有傷害證據在手，妳仍不想循法律途徑離婚，心中還抱著一絲希望，盼他能戒酒振作，疼愛妻兒，所以還是拖在那兒。

如果妳已經給丈夫多次機會，也幫過他很多忙，他卻毫無改變或變本加厲，這時，為了妳及孩子的安全，還有孩子的人格成長，暫時分居搬到安全的環境是對的。不妨找雙方朋友作陪，在餐廳談判，表明在分居期間彼此冷靜，並再給先生一次機會戒酒找工作，個人的生活及心情穩定下來後，才有資格過家庭生活。給他最後一次機會，當然也是為了孩子。

倘若先生不接受和談或說話不算話，未有令妳滿意的表現，則以後復和可能成為危險的炸彈，亦給孩子不良的影響。那時妳對他到了絕望的地步，為了自己及孩子的將來，妳可以義無反顧地訴請離婚。

搶救婚姻大作戰

面對酗酒失業又暴力的丈夫，誰都不想與之共同生活，很多受害配偶都因為孩子需要父親，所以就拖著沒品質的婚姻，過著很不快樂的生活。說是為孩子著想，但孩子需要一個這樣的父親嗎？孩子在氣氛惡劣的家庭長大，他們的身心會健全嗎？一定是個個都想早早離家外出謀生，到最後就剩下妻子繼續在婚姻中受苦，這樣的犧牲損己又不利人。

文中的妻子既然已搬回娘家，其實就已是在過單親家庭生活，有父母的支持與協助，她有能力提供孩子一個溫暖安全的成長環境，大樹不能倒，因此最重要的是保護自己，而不是擔心孩子沒有父親或奢盼丈夫悔改。暫時分開住其實就是再給丈夫一個機會，讓他自己醒悟，了解親人不在身邊的不方便與孤寂。不過，傷害的證據留著還是有用，以備萬一。

不定時炸彈在家裡

奇怪耶！怎麼會這樣？

結婚二十八年，十四年後感情變差，她跟四個小孩也處不好，相見如仇人。我一直想挽救，也說道理給她聽，她不接受且吵著要離婚，我一直忍，她卻得寸進尺鬧個不停。

小孩叫她吃飯，卻換來一句「吃屎」，跟她拿東西吃，也被罵說缺手缺腳、小偷等不雅言詞，連回去照顧我爸媽（有給她薪水），也相處極差，經常大小聲，還威脅老人家說「她如果去死，也會拉著大家一起」等等惡行。

我實在無法忍受了，屢勸不聽，全家人跟她無互動，形同陌生人，他們也支持認同我離婚，但她堅持不肯，請問有什麼方法可以辦離婚？

問題原來在這裡！

冰凍三尺非一日之寒，夫妻吵鬧從沸騰降到冰點，能吵的都吵過了，已經變得沒有互動了，是很痛苦，但不是全然沒希望。其實可嘗試在同一屋簷下各過各的生活，看看是否能相安無事。現在你處在優勢，是你想離開她，想當年她吵著要離婚你一再忍耐，也度過了好幾年，現在你及孩子都不想理她，她又處於更年期狀態，才害怕你們離開她，不肯離婚。因此建議你能跳脫以往相互仇視的模式，以新的方式對待她，可能會有意想不到的效果。

太太的脾氣壞是因為她看許多事及家裡的人不順眼，口出不雅之詞，聽的人雖然不悅，但若能體諒她心情不好才出現的「暫時病態」，不與她計較，不對她動怒，依然善待她，如此一來，一只碗敲不響，她就吵不起來。且近朱者赤，在人人善待她的情況下，她也會多少收斂她張牙舞爪的個性。

這個方法若行不通，則表示她的暴烈性格已成固定，很難共同生活，則各過各的，不必理她，互不干擾。倘若她仍不放過你，繼續吵鬧，情非得已之下，你可收集語言暴力人證物證向法院訴請離婚。

婚姻在長期不和後，濃情轉淡而至消失，沒有愛只有怨恨，家庭氣氛惡劣，身處其中必然不舒服不愉快，對孩子的人格成長也很不利。且妻子的脾氣越來越壞，情緒難以控制，看身邊所有的人均不順眼，他自己必然也過得很不快樂，全家人都在忍受，誠屬可悲。

面對此種情況，當然先以不變應萬變，家人不回嘴，表面上盡量順著她，她一個人也吵不起來，且再兇的人也是需要關切的，因此善待她如善待其他家人，再給她一段時間。如果她真的鐵石心腸且繼續對家人進行語言暴力，證實是個性上的病態而非更年期的問題，再放棄希望也不遲。

家人相處篇

悲情小媳婦

奇怪耶！怎麼會這樣？

我是二十二歲的年輕媽媽，要顧兩個小孩，煮飯做家事，壓力很大。公婆住一起，他們很愛唸，但我從不頂嘴，都放在心裡。我快喘不過氣來了，小孩哭鬧有時我也會跟著一起哭，感覺快瘋掉。可以說是被關了三年，我從北部嫁來中部，沒有朋友及家人陪伴，一兩個月回娘家一次，假日先生才帶我出門，其餘都是自己跟小孩待在家裡。這些感受有時跟他抱怨，他都說：「等小孩大了，妳就熬出頭了」，問題是我現在就過得很不開心，哪想得到以後呢？現在的經濟狀況根本不允許搬出去住，難道我要繼續這樣痛苦的過每一天嗎？

問題原來在這裡！

太年輕結婚生子，自己在這個世界都還沒看夠玩夠，潛能也都還沒機會發展，就進入為人母親及媳婦的角色及生活，還未做好心理準備及生活規劃，因此無法適應繁忙的家庭生活，對家庭主婦日復一日的單調生活感到疲憊與厭煩，壓力日增。

其實關在家裡天天面對公婆與小孩，妳的心情真的無法開朗，會影響到妳與孩子的互動，而孩子光在家裡玩或看電視，無法接近大自然或接觸外面的世界，就很難啟發他們的思考及創造力，因此帶孩子走出家門是第一步。

抱著正向態度，以歡欣的心情帶著兩個小孩去附近公園散步遊戲，到麥當勞小坐吃漢堡玩玩具，以及到社區圖書館借閱兒童圖書或參加說故事活動等，暫時離開家換個環境，轉換心情，欣賞外界的事物，觀察人來人往，妳的感受必然不同。甚至有時主動邀約公婆去公園坐坐陪孩子玩，他們會覺得妳是個好媽媽，獨立自主的女性，而不是經常擺著哭喪臉的小媳婦。

等孩子大點，妳就可以去兼差或上全職班，幾年很快就會過去的，真正的問題還在於妳與先生之間的溝通親密感。每天再忙再累，兩個人都願意撥一小段時間分享生活及心情，有了傾聽與訴說，雙方關係緊密，妳就能感受到支持、鼓勵與關心。

作一個好妻子好母親好媳婦，相夫教子服侍公婆，自己盡了全力，在婆家人眼中卻認為是應該的，這是傳統的家庭觀念。現代女子在這樣的環境中失去了自我，尤其孩子還小時，除了家事，還要自早到晚陪伴小孩，照顧起居吃喝，每天過忙碌疲憊的生活，無法放鬆，等到周末才能跟先生出門，不得憂鬱症也難。

因此除了多與丈夫溝通，加強夫妻連結，提升親密感外，請他與婆婆多分擔家事，妻子則帶孩子去參加社區活動，和其他的母親、妻子交流，交換育兒及家事心得，學習時間管理，每天再忙都要留點時間給自己，閱讀、看電視或做自己喜歡的事。

話愈說愈明

奇怪耶！怎麼會這樣？

姊姊一家住在香港，太太沒事就打電話向她報告台北的八卦及股票行情，每次都是趁我上班或外出時打，一講就半小時，電話費頗高，而且都沒讓我跟姊姊講到話，遠在南部的媽媽還問我為何不像太太那樣關心姊姊。

與太太就此事溝通，她就生氣了，她說我計較小事，只因為母姊均認為他沒打電話關心家人，就把罪怪到她頭上，我說若我想打電話給她弟弟，一定會問她要不要講電話，她才是顧自己沒想到我呢！

問題原來在這裡！

打電話聊天可能是你太太殺時間的好方法，你不在家她覺得無聊，想找人說話，雖說打本地電話花費極低，但可能大家都在忙，而且她或許覺得與大姑較有話說，所以經常打電話到香港，若只聊幾句是不會太貴的，但在白天時段又講很久，電話費自然高升。她以為女人之間的聊天，沒必要邀你一起參與，只是她沒有適可而止，長話短說，使得夫妻間的爭執又多了一項電話費的議題。

你自己大概也太忙，心裡雖念著家人，嘴裡卻沒有行動，當老媽質問時你覺得被冤屈，心想如果太太打電話時叫你一起講，不就沒事了，但這並非太太之過，她是你家人，打電話給大姑也是天經地義，是你自己缺乏行動力，想到就要行動，否則念頭一閃即逝，時機也就過去了。

由此事件可看出你們夫妻溝通並不多，生活中的分享也不足，她才會養成打電話聊天的習慣，而你與太太溝通是針對她趁你不在家時打電話給大姑聊天，讓你沒講到話，還是她講太久電話費太高？你的口氣是責怪還是抱怨？太太之所以會生氣，是因被你的話語激怒而起防衛之心，這種溝通會有反效果。請你一定要心平氣和面帶笑容，要求她等你一起打電話給姊姊，並試著長話短說。如此的行動持續數星期，舊習慣消失，好習慣就逐漸養成了。

搶救婚姻大作戰

由於傳統性別角色的差異，男性較為工具性且問題解決導向，而女性則較為情緒性且人際導向，因此女性通常比男性愛聊天愛講電話，有的女性常常東扯西聊，忘了時間飛逝，通話費飆高。

案例中的太太可能愛聊天，又正好和先生的姊姊投緣，長途電話一來一往講不停，正好成為夫家與大姑之間的橋樑，有其正面效果，丈夫固然會擔心電話費太高，但不需責怪太太，讓此事成為夫妻間爭吵的議題，不妨好言勸告太太注意時間控制費用，或者溫和地、耐心地、安靜地在旁幫她控制時間。

搶救刁蠻公主

奇怪耶！怎麼會這樣？

分居五年，雖未簽字離婚，婚姻已名存實亡！公婆很強勢，加上我經濟狀況不佳，怕強行帶走女兒會讓孩子跟著我吃苦，只好無奈地讓她留在公婆家！隔代教養問題很多，爺奶和孩子的爸對她有求必應，於是她變得嬌蠻任性又霸道，但我不在身邊，鞭長莫及。幾次和先生溝通簽字離婚，他都將問題丟給公婆，公公要我付贍養費一百萬，還要放棄孩子的監護權，往後探視孩子也要經由他們同意，對此不合理條件我無法答應，況且我也付不出，就這樣耗了五年，連累了無辜的孩子！每兩周回去探望孩子，難過又心痛，想離婚離不了，想將孩子帶在身邊照顧，經濟情況又不允許，唉，怎麼辦？

問題原來在這裡！

夫妻不合適是事實，雙方都已放棄再努力的希望，丈夫也接受分居狀況，但他無力教養女兒只好丟給父母，公婆本來就反對離婚，知道妳無法負擔，故意獅子大開口，要百萬贍養費及放棄監護權，而妳一直認為經濟狀況不好，不能帶孩子在身邊，所以才會讓女兒變成被溺愛的小孩。

如果妳認為孩子的教育比離婚更重要，妳一定要想辦法開源節流，或與娘家親友商量借貸或借地方住，與孩子同住，好好的教育她，無論再苦也得咬牙忍受。光是這樣拖下去，每天只是難過與心痛，卻無任何行動，只會讓孩子更任性與霸道，以後要補救就很難了。

搶救婚姻大作戰

一方面尋求原生家庭支持及社會資源，如晚晴協會、社會局婦女福利中心，或地方法律義務諮詢服務社等，可試著找收入較高的工作，也試著與先生做朋友，以成熟態度互動及溝通，為了孩子著想，請他在未離婚的狀況下讓妳教養孩子，等到日後雙方因友誼而彼此諒解，願意因瞭解而分開時，就可簽字離婚了。

丈夫無能力留住妻子又不肯擔當，將離婚問題丟給父母，父母無理，干涉兒子婚姻，還開口要贍養費一百萬，一家三口聯合起來對付女兒的母親，實在蠻橫霸道。夫妻不和無法生活是不得已，即使離婚還是要給孩子最多的父愛與母愛。夫家以不離婚及每兩周可探視小孩一次來控制名分上的媳婦，以為自己沒損失，只是在懲罰媳婦，其實大家都得不償失。

最大的輸家當然是孩子，女兒無法與母親親近，父親又不管事，祖父母寵愛，不能得到適當教養，父母沒離婚又沒住在一起，想必公婆會灌輸孩子母親的壞話，破壞母女感情。這種情形已拖了五年，該是爭取母親權利、維護孩子福祉的時候了，可以重新與丈夫談判，或者經由各種社會管道來尋求合理的離婚及最佳教育小孩的方式，不能一味把自己當成受害人與犧牲者，而是要採取積極作為。

換個角色，讓關係更新鮮

奇怪耶！怎麼會這樣？

我現在三十歲，結婚三年多，先生是獨子，大我一歲，結婚後我就在家裡幫忙家族事業，但因經濟不景氣，訂單較從前掉了很多，有時幾乎一個禮拜沒什麼公事，不用工作時我的壓力就來了，因為同住的公婆會認為都是他兒子在忙，我好像沒做些什麼。

所以我就像行屍走肉一樣，不知道要做什麼，每天就是煮飯、工作、做家事，很多朋友勸我要走出去，這麼年輕待在家裡實在很浪費，但家人都不贊成，實在想不出一個好方法來解決問題，想請問高見。

問題原來在這裡！

跟公婆同住感覺上比較不自由，且公婆顯然是比較保守且對獨子有權威性，所以先生及妳對他們尊教有加、親密不足。只是妳在婚前就知道婚後會面臨這種生活，當時可能被愛沖昏頭，以為愛一個人就可以過快樂的生活，婚後才發現妳很孤單，生活單調，日復一日，很想掙脫這樣的日子。

聽起來妳應該還沒生小孩，很顯然妳無法融入婆家，不知是妳很難認同婆家人的生活方式及價值觀，還是他們真的要把妳塑造成傳統的媳婦？來函未提到妳與先生的互動，通常先生是公婆與媳婦之間的橋樑，他可以協助妳適應婚後的生活，融入他的家庭，尤其夫妻感情好更容易帶動兩代之間的良好互動。所以妳目前的問題其實是夫妻感情緊密與否，妳似乎沒讓先生瞭解妳的想法及感覺，而他也不瞭解妳的需求，比較自家庭的角度設想，不贊成妳出外工作。

夫妻一天二十四小時一起生活，公私不分，角色混淆，的確會減少私密性、降低親密感。不妨找機會與先生懇談，改變生活方式，下班後外出用餐、約會、購物、訪友，當然有時可全家一起出遊。妳也可利用閒暇時間上網學習或出外上課，在不能出外上班的前提下，爭取妳自己的時間及空間，開拓生活領域。這是目前妳能去嘗試的部分。

搶救婚姻大作戰

雖然公婆頗具權威性，但真正在做家族事業的是丈夫，妻子從旁協助，這就是婚姻的動力。兩人一起打拼合作無間，即使訂單減少，也可想些新點子共同做一些事情。忙碌可減少在家面對公婆的壓力，又可多與丈夫互動。

不過夫妻一起做事業有好也有壞，二十四小時相處可能會失去新鮮感，因此角色的扮演就很重要，在公司裡不管擔任何職，每個人都各司其責，公事公辦，下班後則恢復妻子與丈夫的角色，或者情人的關係，要能夠恰當轉換，才能夠享受不同的相處情趣。

愛在小家庭

奇怪耶！怎麼會這樣？

先生沒責任心，怕搬出去日子不好過，要負擔房租、電費、生活費等。我忍受婆婆嘮叨十一年了，她常跟村裡的人說我很懶，說我的頭腦要稍微改變，現在是什麼世紀了，還停留在老一輩的年代。我常在想，為何人家都嫁到那麼好的家庭，和家人和睦相處，分工合作，就只有我，無論工作做得多好，還是被人看不起。

住外面的小叔夫婦久久回來一次，婆婆總是準備許多水果讓他們帶回去，難道住在外面的才是她的媳婦嗎？家裡的就理所當然要伺候他們嗎？娘家的媽媽要我忍，忍到孩子上高中，就可以離開那個家了，我能忍到那個時候嗎？

問題原來在這裡！

鄉下的婆婆很傳統，觀念保守老舊，用她的標準來看媳婦，樣樣不及格，而她的生活除了家事、電視外，就是和老鄰居閒話家常，免不了批評妳，她的生活空間就那麼點大，若妳事事與她計較，就真的活不下去了。婆婆很難改變，接受她就是這樣的人，犯不著受她影響而生氣，自己才能過得好些。

兩個女人的戰爭持續好幾年了，不知先生在家的角色如何？他應該是家庭潤滑劑，既要住在家中，就得討父母歡心並安撫妻子。來信並未提及夫妻感情，只是一再抱怨婆婆，其實家庭的主軸是夫妻關係，夫妻關係緊密，才容易牽動良好的婆媳及親子關係。妳說丈夫沒責任心，為了省錢搬回家住，這在婆婆眼中則成了有孝心，倒不如順水推舟，盡盡孝道，然後盡量存錢，與先生商量好十年計畫，購置新屋搬出去住。

小叔在外居住，久久回家探望父母，老人家一定很高興，多數父母都會準備禮物讓他們帶回去。妳若回娘家，父母應也是一樣對待，並不表示婆婆偏心。而妳正好住家裡，也是主人的身分，小叔回來作客理應招待，不是伺候。不妨與婆婆商量，分工合作，一起接待。不過最重要的是經營夫妻感情，增加互動與親密感，鞏固婚姻。夫妻同心妳才有後盾，丈夫也能適時幫妳向婆婆說好話。

夫妻感情應該是還可以，只是丈夫在父母家裡住慣了，結婚十一年，心態上、生活上都還未自大家庭分化出來，自己過得怡然自得，卻苦了妻子。她等於嫁進大家庭，侍候祖孫三代，而且婆媳朝夕相處，難免會因意見有差作法不同而引起摩擦，又不好頂撞，委屈不悅往肚裡吞，的確非常辛苦。

公婆只有越來越老，要指望婆婆分工合作恐怕很難，最好的方法還是說服丈夫，另外獨立居住，離公婆家越近越好，然後聯合丈夫的兄弟姐妹輪流回來探望照顧，住得近的人多出點力也是應該的。等到公婆年紀更大時就要再做打算，請外勞幫忙，或是兄弟輪流照顧，或固定住誰家等，以盡孝道。最重要的是夫妻要同心，而不是丟給妻子一個人去承擔，如此妻子才會心甘情願一起盡孝道。

退一步海闊天空

奇怪耶！怎麼會這樣？

戀愛六年結婚，我脾氣衝講話直，丈夫很容忍。他有一間公寓租給他人，房租償還他母親貸款。同住的公婆管東管西，尤其懷孕做月子時，燉東西給兒子吃交代我不能吃，餵孩子時奶瓶不消毒，牛奶放久了還給嬰兒吃，衝突迭起。身為私人司機的老公平日很忙，總是息事寧人。

孩子滿月後婆婆食言不肯帶小孩，我因要上班，乃母子回娘家住，每周末回婆家。他常因來回接送太累要我搬回去，我們吵了幾次。最近他騙婆婆說來娘家找我，其實是去打麻將竟夜。婆婆與大伯不知跟他說了什麼，現在連生活費都不給，還把我的信用卡掛失，威脅我回婆家住，否則自己帶孩子不要再與他連絡，怎麼辦？

問題原來在這裡！

戀愛時彼此欣賞優點遷就缺點，但婚姻生活牽涉許多家人，雖然公婆傳統、無知及偏心，但選了丈夫就等於選了公婆。丈夫因工作忙，沒時間也不懂得當婆媳之間的橋樑，妳只能收起衝脾氣，耐心與公婆溝通，畢竟大家都疼孫子，既然住在一起就得試著和平相處。婆婆不肯照顧孫子，也可能源自婆媳關係不良，於是就把問題丟給妳了。

丈夫無可奈何讓妳帶小孩回娘家住，但這不是長久之計，年輕夫妻兩地分住，日常生活分享減少，親密感會因時空阻隔而降低，且丈夫需接送，他對這種生活已經疲憊了，回家還要聽母親抱怨媳婦，只好以打麻將來逃避，又不敢讓家人知道。幾經要求妳還是不肯搬回去，他當然出狠招。妳不對在先，他應對不當在後，彼此抱怨。問題不光是婆媳關係，婚姻的根本也開始動搖。其實兩人都心屬對方也疼愛孩子，應該消消氣，先處理婚姻問題。既是夫妻，就要住在一起互相關心與照顧。夫妻不妨好言拜託婆婆帶小孩，或請保母照顧，雖然得付保母費，但夫妻感情不是金錢可以買到的。妳們一定要同心協力來解決孩子照顧及家庭關係的問題，生活才可漸入佳境。

搶救婚姻大作戰

嬰兒本來可以是婆媳之間的潤滑劑，卻因養育方式不同及婆婆重兒子輕媳婦，導致婆媳關係惡化，而丈夫沒空也沒心介入調停，使得原本有救的婆媳關係變成僵局，兩個女人各有自己的立場，誰也不肯付出愛心給對方，連帶使嬰兒受累，婆婆不願帶小孫子，妻子只好自力救濟回娘家討救兵。

案例中，婆媳問題直接影響了夫妻感情，一則丈夫覺得往返接送母子太累，一則婆婆離間夫妻，演變到丈夫控制妻子的金錢，甚至出言威脅強迫妻子回家。此時如果有一方態度變軟放下身段，雙方好言溝通，還可恢復夫妻感情，重建婆媳關係。如果雙方都覺得自己是受害人，互相指控，等待對方低頭，婚姻就難有前景。

勇敢向壞習慣說「不」！

奇怪耶！怎麼會這樣？

女兒遺傳到父親，自嬰兒期就對酒不排斥，偶爾給她啜一口，甘之若飴還想要，我們當然不會再給。現在十五歲了，看她爸爸喝酒，她會要求嚐一口，老爸一定照允，且說要訓練喝酒，免得長大後出社會不會應酬。

昨天我發現丈夫居然背著我拿含酒精的飲料給女兒喝，也不知是否是她要求的，我質問丈夫為何這麼做，他竟說我太嚴格，又不是天天喝。我總覺得不對，不知妳以為如何？

問題原來在這裡！

過年、家人生日或其他節慶時，全家人圍著餐桌享用美食，大家舉杯慶祝，這時小孩跟著喝一點啤酒或葡萄酒，熱絡氣氛倒是無可厚非，但如果明知母親反對還趁她不在時拿酒精飲料給女兒喝，這就是為父者不恰當的行為了。他顯然不尊重妻子的價值觀及她做為母親的權威，也不瞭解父母教養孩子的態度必須一致。

可能因為好玩與好奇，父母在女兒嬰兒期就讓她啜酒，測試一下倒無妨，沒想到竟引起父親的興趣，認定女兒在這方面像他，有喝酒的潛能，可以訓練。這是他對酒情有所鍾，一廂情願的想法，有些人能喝酒但不一定愛喝，這得等她成年後再自己做決定。丈夫讓女兒偷喝酒的行為是做父母最壞的示範，鼓勵女兒偷偷摸摸，違反母親的教養規則。

引誘青少年喝酒等於在玩火，根據研究調查，青少年飲酒人口越來越多，在美國已成為社會問題，而台灣的喝酒文化也是歷久不衰。父母在教養孩子飲酒觀念及行為上要注意，要讓孩子了解酒可助興也可亂性，可悅人也可害人。妳一定要與丈夫懇談，強調他的角色是父親，而非喝酒訓練師，兩人一起向女兒說明，長大後她自己可選擇喝何種飲料，但未成年不宜飲酒。

父母常想將個人的喜好加諸在小孩身上，例如母親想要小男孩去學鋼琴，而父親則希望兒子打網球。興趣當然可以引導及培養，但也要看孩子的資質與所處環境。的確，有些孩子生長在麻將世家，自小看打牌長大，他會打牌卻不打，是因父母未鼓勵他打，他自己也沒興趣。父母最好達成協議，依孩子的天資與興趣，共同鼓勵他學習某種藝術或運動。

但喝酒就不一樣了，它與賭及毒品一樣會上癮，對身體不好。雖說小孩能欣賞酒的美味，卻不一定能控制飲酒量。喝酒不是嗜好，而是習慣及品味，等孩子成年後，對酒有充分的認識，也有理性對自己的行為負責時，可自行選擇喝不喝酒，也可培養飲酒的品味，因此父親在孩子未成年時鼓勵他喝酒是不對的行為。

假日風波

奇怪耶！怎麼會這樣？

結婚時我已懷孕，先生覺得和婆婆一起住可有照應，夫家本來為丈夫買的房子就給新婚的小姑住，現在小姑夫妻自己買房子要搬出去，先生向公公提出要自己住的事，公婆卻說要自己去新房子住。我當下真是晴天霹靂，先生卻說房子是父母買的，我們無權爭取。大伯一家可以住在父母的另一房子，連小姑新婚時都可以住新房，而我們一家三口呢？平時大家工作忙碌，大伯、小姑攜家人一起回來吃飯，弄得一團亂都是我要善後，我買的水果零食，幾乎問也不問大家拿了就吃，我真的希望能擁有自己的空間，一個真正屬於我的家。公婆的心態到底如何，若他們真要自己搬去新房子，但全家人要吃要喝依然還是回老家來，那我究竟算什麼？

問題原來在這裡！

父母疼愛兒子，各買一棟房子，大伯住進去了，而你們當初選擇與公婆同住，是為了孩子有人照顧，當然也得付出一些。祖孫三代本來樂融融，卻因大伯小姑全家常回來，妳得招呼、接待、煮飯及清理，頗為吃不消，其實妳沒有義務每次接待，你們全家可趁機出外遊玩用餐，讓他們在家敘舊享天倫，或者委婉地與婆婆商量，每家輪流一個週末，在家接待或做東到餐廳用餐，大家互相體諒。

小姑搬出去新房子空出來，你們能住進去最好。但誠如先生所言，父母還在世，他們有權做主，而且這是他們辛苦存錢買的房子，他們想住也是天經地義，何況你們還是可以住在老家。可能是妳這個媳婦扮演得太好了，公婆從來不感覺妳很累，渴望有一個真正屬於自己的家。因此真正的問題不在於有沒有新房子住，而是妳受不了姻親來去的紛擾及缺乏私密性的生活。

每個小家庭都應有自己的空間，以享受生活私密性並因應孩子的成長，因此可請先生婉轉地與父母溝通，先要感謝他們把房子給你們住、幫忙照顧小孩，然後表示很高興父母願住新房子，兩老可有自己的空間。當然更要感謝父母讓你們繼續住在舊房子，很高興小家庭可以運作了，同時強調子女們週末會去新房子團聚，或每家輪流一週，並幫忙打理及善後。

搶救婚姻大作戰

與公婆同住的媳婦因勤勞有加，表現甚好，已被視為家人，一旦已成家的子女帶眷返家相聚，公婆很自然地熱誠招呼，並要媳婦善加招待。一群人呼嘯過後，善後收拾的工作自然落在媳婦身上，她必然覺得很累很委屈，不做可能會被唸，做了卻是應該的，沒有功勞可言，的確會有一肚子怨氣。

為了要徹底解決姻親來去的紛擾，並爭取小家庭生活的私密性，住不住新房子就不是當前的重點了，當務之急是聯合先生跟父母說好聽話，表示兄弟姐妹在週末會去新房子探望父母，且每一家排週末輪流負責晚餐及清理，或者帶大家去餐館用餐，以盡為人子女的孝道。只要先生多費心，將此輪班制度建立起來，不僅小家庭清靜，大家庭也一樣熱鬧開心。

上車？下車？

奇怪耶！怎麼會這樣？

我老公正在當兵，我因未婚懷孕嫁給他，懷老大時，婆家很不高興地讓我嫁過去，懷老二時，婆婆卻到處跟人說他兒子在當兵我怎麼可能懷孕？

她逢人就說我是一個不檢點的人，好心讓我嫁進來，我卻背著她兒子懷了別人的孩子，還要她幫別人養小孩之類的話。請問我還要繼續維持這一段痛苦的婚姻嗎？還是等老公休假回來跟他說離婚好了？

問題原來在這裡！

先上車後補票是件危險的事，何況妳和先生都還很年輕，還不知道自己在人生中的目標與定位，就糊里糊塗地進入婚姻生了孩子，像妳現在就處於很不利的情況，身懷老二，老大自己帶，老公不在身邊，婆婆又嫌妳，必定很難過、焦慮、孤單及徬徨。婆婆即使不滿意妳懷孕進門，也不該向外散播謠言來中傷妳，把兒子的親骨肉說成別人的種，對她自己也是臉上無光。雖然日子不好過，但是氣也沒用，還不如放寬心情，迎接老二誕生。

最重要的還是妳與先生的感情，他正值役齡，還未開始工作，沒有經濟基礎，還須仰賴父母撫養你們母子。他是不是很聽父母的話，包括他母親不實的謠言？倘若他較實際年齡成熟，懂得安慰妳支持妳疼愛妳，且願意捍衛妻子兒女，他就應鼓起勇氣與母親溝通，說妳是好女孩好妻子好媳婦，而妳也要克盡媳婦之責，與婆婆建立新關係。

丈夫休假回來妳當然要就事論事好好與他溝通，聽聽他的想法。最好的打算當然是忍耐到他退役，找到工作後搬出去組織小家庭，這是知易行難，生活中有許多小難題待一一處理。離婚不是說離就離，以妳一個年輕女孩，帶兩個孩子又無經濟能力，離婚後只能投靠娘家，問題很多，得從長計議。

一個純情浪漫少女在未有任何心理準備之前，就因懷孕而嫁進還在當兵的先生家，一個人要適應婆家，的確不容易，而婆婆也被迫接受一個陌生女孩為媳婦，要養她也要照顧她為兒子生的嬰兒，一下子加重婆婆的身心負擔，而兒子也理所當然地將母子丟在家裡，自己服役去，婆婆乃將所有怨氣都發洩在新媳婦身上。

小別勝新婚，丈夫放假回來又是兩情繾綣，不知避孕，很快又懷了老二，不僅女孩自己手忙腳亂，也增加婆婆更多的負擔，更視媳婦為眼中釘。此時丈夫若能有擔當，衛護自己的妻子，至少會給她精神力量支持到丈夫退役，或者乾脆先送她回娘家住。不過丈夫退役後兩人面對婚姻生活的現實，將又是另一個大考驗。

請神容易送神難

奇怪耶！怎麼會這樣？

十一年前公公過逝，婆婆賣掉房子接受我們邀請搬過來一起住，她幫了我們許多忙，如看家照顧小孩及清掃，但也有許多不便之處，如經常干涉我們教育小孩，又愛煮難吃的菜，既然煮了我們也只好將就吃了。更糟的是，我們因缺乏私密性而幾無性生活。

兒子今秋離家上大學了，我剛割過卵巢做過化療身體虛弱，感到來日不多，想多與先生單獨相處。婆婆的存在會阻礙夫妻親密，但要她去小叔家住她可能承受不了，該怎麼辦？

問題原來在這裡！

十一年前邀請婆婆入住，你們就已做了選擇，她絕對想不到有一天妳會請她搬出去。婆婆只會越來越老，而她曾幫了妳那麼多忙，也該清閒休息了，妳早沒讓她去拓展自己的生活圈，現在年紀雖大但不會太遲，不過也太突然了，她會措手不及，更別說要送她去養老院了。

妳自己健康出了問題，警覺到人生苦短，想要與丈夫加強親密關係，也就是意識到人生是有許多苦難的。同理類推，婆婆的人生也沒剩幾年，為什麼沒想到讓她過得快樂些，而不是增加她的痛苦？妳一個人鑽牛角尖，越想越多，其實婆婆並非問題主要來源，她愛幫忙管教孩子及煮妳不喜歡的菜，妳應該與丈夫商量，發展出一套應對婆婆的方式。而夫妻已是成年人，缺少性生活，怎麼能怪婆婆隔牆有耳呢？

很多事情是可以兩全其美，找方法解決的。送婆婆去老人日間照護中心或請外傭在家幫忙的花費其實差不多，既然妳需要休養，不妨以婆婆名義申請外傭，既可以照顧婆婆，也可以幫忙妳的生活起居，至於夫妻私密生活，則需要妳與先生自行創造與應用了。

婆婆住進來幫忙照顧小孩至上大學，確實幫了不少忙，功不可沒。沒有一個人是完美的，也沒有一個婆婆是令媳婦滿意的，夫妻不論是「忍受」或「接納」婆婆十一年，婆婆早成為這個家的一份子，而且功成身退，該享清福了。如果能夠在兩兄弟家裡輪流住當然最好，或請外傭陪她在附近公園走走，認識鄰居朋友，總之盡量孝順她。

夫妻親密行為，不一定要在夜晚睡覺時。清晨婆婆外出運動，或週末白天婆婆不在家時，也可平日下班倆人在外共進晚餐，然後進旅館纏綿，甚至週末婆婆去小叔家時，夫妻可去近郊或中部小旅行，更積極地過夫妻相伴相隨的生活。

岳母成為第三者

奇怪耶！怎麼會這樣？

太太懷孕時，岳母每週末來我們家煮食給她吃，每次產檢必定陪同，生產時在產房也是三人行。回家後岳母幫忙坐月子，說要照顧母子，勸我女兒讓我睡書房，她自己與女兒同床而眠。

六星期過去，月子已滿，太太身體也恢復，我想與她共眠親熱，她倆總是異口同聲說我不會照顧小嬰兒，還是去睡書房。我難道不能學習照顧嬰兒嗎？岳母實在太干預我們的生活了，該如何是好？

問題原來在這裡！

小家庭中應以夫妻為軸心，自妻子懷孕起，因害怕又擔心，正好與岳母的關心與經驗分享互補，母女都專注在待產、生產這件事情上，母女關係已駕凌夫妻關係，而

你未警覺到，從一開始就未設定恰當界線。事實上，你對妻子的關心也遠不及岳母，妻子當然就退化成小女兒心態，一切聽從媽媽，她才感到安心、放心。

岳母來幫忙當然好，但依然是岳母的角色，不能取代你在家中的地位，甚至睡你的床。生養小孩的確給小夫妻帶來壓力，但夫妻必須一起來養育孩子，你在下班後得多花時間與心力學習照顧小嬰兒，妻子才能看見你在這方面的功能。找時間好言好語地與太太溝通，談論她在嬰兒誕生初期想要及需要哪些來自母親的協助，再一起決定哪些事可由夫妻一起做。

妻子雖然巴不得母親每天在家陪她及照顧嬰兒，但這樣確實使岳母介入小家庭太多，父親的角色就太弱了。既然這不是你想要的，就得較為強勢且身體力行，努力學習，當妻子感受到來自丈夫的助力及支持，她才有立場有理由請母親少參與一些照顧，免得太勞累。

搶救婚姻大作戰

坐月子期間母親照顧女兒及嬰兒，日夜相處，同睡一床，其實已經侵犯到小家庭的界限，再怎麼樣這也是女婿的家。也許是母親自身的需求，想要與女兒親近，重溫母女關係，這也無可厚非，但做完月子後，她教導女兒如何照料嬰兒就夠了，該是到書房夜宿或回自己家的時候了。

照理說，父與母一樣，自嬰兒誕生的第一天，就該學習照料他的起居，與妻子排班在夜間輪流起床餵牛奶換尿片，並哄他入睡，而岳母年紀大，只要負責白天的照顧即可，晚上好好休息，白天才能盡全力。夫妻得先溝通好說詞，強調女婿晚上要學習願分勞，所以請岳母睡書房。

強人婆婆無奈媳

奇怪耶！怎麼會這樣？

與先生交往時婆婆對我很中意，她認為我有能力接管他們家的生意，其實她兒子很想逃離母親的掌控，婚後想要與我另開一家公司。後來我們結婚了，婆婆表示要我台灣東莞兩地跑，替公司處理事情，因她覺得我比她兒子能力強且可以信賴。

先生要我留在原來的高薪工作中，他打算再幫母親兩年，就讓研究所即將畢業的弟弟接手，但婆婆完全不知，因母子溝通少關係亦普通。我很不願意捲進夫家的種種問題，但又不知如何全身而退？

問題原來在這裡！

婆婆顯然是女強人，所有的感情心力全投入家族事業，以生意為重，對孩子的期望就是接掌並擴大生意，很少去瞭解孩子、聽他們的心聲。孩子們自小到大表面順從，心裡自有想法。尤其妳先生已成家，他有自己的打算，聽起來妳也願意支持他，但若不及早告知婆婆，讓她及早重新規劃，必定鬧得很難看，家中每個人都會受到傷害。

妳當然要以自己的婚姻為主，與丈夫同心發展美好關係，建立自己的小家庭。務必要經常與丈夫溝通，鼓勵他面對現實去跟母親說自己對家族生意沒興趣，母親可培養弟弟或其他可靠的人接班，而太太因新婚，要適應婚姻生活，也要準備當媽媽，所以還是待在原來上班的公司，將生活變動減至最低。有些話非說不可，說了是增加彼此瞭解，人各有志強求不得，但要用軟性訴求，母親夢醒難免會失望難過，至少不會憤怒、絕望，讓她了解孩子有自己的想法，但也有替母親及公司設想。

關鍵還是在妳先生身上，倘若他同意接管家中生意，他就可以掌握大權，妳可能也會以雙方同意的模式來協助經營，全家人完全同心，衝突減至最低。但是先生沒興趣，妳又不便直接拒絕婆婆，所以妳所能做的就是告知先生打開與婆婆溝通的管道，解開僵化的母子關係。然而平日對婆婆的噓寒問暖，盡人媳之責還是不可少，至少要讓她感覺到兒子娶對了媳婦。

搶救婚姻大作戰

有一個在家具權威、在外是事業強人的母親，兒子自小到大必極少與她有親近互動，無論她說什麼，兒子只有聽命，才能家和萬事興。然而兒子自有想法，想要幫母親到弟弟研究所畢業後接手固是孝心，但卻很一廂情願。因為他一直誤導母親，以為大兒子是順理成章的接班人，何況弟弟也不見得願意接手。

反正母子、兄弟均無雙向溝通，表面上家庭和諧，其實已經有暗流，現在又加入兒媳婦，變成婆婆與丈夫之間拉鋸之物，很難做人。問題就在先生，如果他能面對母親，先處理自己的問題，妻子的難題就解決了。不願接掌公司業務當然會引起母親不悅，但並不表示兒子媳婦不孝順長輩。人各有天性，每個人都可選擇自己要過的生活，因此要有勇氣以柔克剛去向母親坦承並說明。

山不轉路轉

奇怪耶！怎麼會這樣？

結婚近十年，雖偶有爭吵，但不會影響感情，我無法常回北部娘家探視，而小姑不必上班經常回婆家，總是炫耀女兒成績好、學習力強（和我小孩讀同一所學校），使我非常厭惡回婆家。除夕時公婆要大姑回來圍爐，原因是她無公婆且先生在國外。那天和先生大吵一架，他罵我不懂惜福感恩。

初二我回娘家，婆婆告知當晚就要回來，原因是大家要在餐廳一起吃飯，還說回去這麼久做什麼？我真的很生氣很委屈，心裡不滿無處發洩，該如何平復呢？

問題原來在這裡！

妳嫁到南部，自己有家、有小孩，思念父母卻不能常探望，常有牽掛，而看到小姑經常回娘家，以及大姑除夕夜居然在娘家，心中有不平。其實女兒回娘家是天經地

義，將心比心，妳該替她們高興才對。聽起來問題不在小姑大姑，而是公婆，要妳重婆家而輕娘家，先生被父母養大，有同樣觀念，無法瞭解妳想家的感受，對妳不喜歡去婆家一事起反感，難怪妳既生氣又委屈。

山不轉路轉，老是生氣或抱怨只會增加先生對妳的誤解，也加寬妳與婆家的鴻溝，倒不如自己先調整心情，主動與小姑大姑聊天釋出善意，她們才會幫忙說服公婆讓妳常回娘家，而婆家人經常要見面，關係改善大家相處才愉快。先生看到妳的態度，感受到他所謂的惜福感恩，才會開始對妳憐香惜玉。當妳對他的原生家庭不再抱怨時，他不再感到被威脅，才有心來照顧妳的需求。

對於這種傳統家庭出來的丈夫，需要多一些耐心與策略才能逐漸進入他的心裡。現在孩子已逐漸長大，很多事情可以自理，妳較可以放心地回娘家。當然要慢慢地說服公婆，父母年事已高，總要抽空回去探望，週五晚自己搭車北上，有時帶孩子同行，只要丈夫肯支持願擔當，公婆起先當然是不樂意，慢慢就會習慣。請記住，夫妻感情及與婆家的關係是一點一點建立起來的，妳的不滿與生氣累積已久，如今要反轉，需要花一些時間。

碰上如此本位主義的公婆，媳婦的確很委屈。就因為娘家在北部，回去一趟不容易，又得看公婆臉色，她才會因更思念娘家而厭惡回婆家，觸此景生彼情。如果媳婦越加反感，心情不佳臉色不好，易與丈夫吵架，也會得罪公婆，問題只會惡化而無法改善。因此，好好建立自己在婆家的家庭人脈，可以為自己打開一扇窗。

不妨換個角度看事情，真心替小姑及大姑感到高興，可以常回娘家看疼愛她們的父母。只要態度真誠講話誠懇，她們會視兄弟的妻子為姐妹淘，而不是家中的媳婦。偶爾也邀請她們及公婆到家中晚餐或出外用餐，主動融入婆家。如此小姑大姑才能將心比心，勸告公婆，媳婦也有娘家也該常回去。而夫妻只要感情好，不吵架，丈夫也會敲邊鼓，甚至主動陪妻子回娘家。

出軌篇

讓愛趕走老婆心裡那個他

奇怪耶！怎麼會這樣？

太太交男友，盡管很小心地出入公共場所，時間久了，紙包不住火，還是被不少人看到，但從來沒有人告訴我。只有一次我弟弟對我說，「哥，你和嫂嫂近來有沒有怎樣？」我答她經常加班很累，他就建議我倆單獨去旅行散心。我不疑有他，感謝關心。

上個月不小心看到太太在MSN與男友的對話才發現此事，問弟弟、同事及一位要好的鄰居，才坦承他們都看過，但不想破壞我的婚姻所以沒提。這是什麼歪理，如果是為我好，當然要早說，我才能及早處理，不知您的看法如何？

問題原來在這裡！

你的看法是理性觀點，也是從自己，也就是受害人的角度來看這件事。沒有人喜歡被欺騙或被蒙在鼓裡，你最後才知道的感覺真的很糟，情緒很差，第一個反應就是怪別人為什麼不告訴你。坦白說，你知道了又能怎麼樣？很多人知道後氣憤不已，做了許多衝動之事造成悲劇，外遇表示婚姻本來就有問題，結果可能會以分手收場。

婚姻生活由親密轉平淡，再由平淡變生疏。夫妻各自忙工作忙小孩忙家務，以為回家睡在同一張床上就好，忘了愛情及激情的滋養與回溫，絲毫沒有察覺另一方已經向外尋求慰藉了。外遇行為當然不對，但外遇之前的婚姻生活則是夫妻共同的責任。

知情的親友為什麼不說，是因為想要保持中立，想要維護你也想要維護你太太，人家也不知道你們的婚姻到底出了什麼問題，何況那是你倆的事情，應以成人態度來處理。他們當然也不會去告訴你太太他們知道此事，所以他們的態度是中立的，心中卻是擔心，也祈禱你倆沒事。請不要再責怪親友同事了，他們也有苦衷，還是將心思放在整治婚姻關係一事上吧！

搶救婚姻大作戰

夫妻感情並未糟到整天吵架鬧離婚，妻子在婚姻生活中有所不滿足，向外尋求慰藉，難怪先生被蒙在鼓裡。身為最後一個知道太太有外遇的人，除了傷心氣憤外，還覺得很沒面子，的確需要心理調適。

然而這也不會是壞事，丈夫自己發現了，總比人家來告訴他好些，而且妻子雖有外遇，並未明目張膽且要求離婚，可見兩人還有感情基礎，這就是婚姻動力，足以推動夫妻關係恢復正常。當然還是需要雙方坦誠溝通，只要妻子全心投入婚姻，丈夫誠心寬恕及接納，婚姻還是有希望的。

小姐，你的情人是我的老公！

奇怪耶！怎麼會這樣？

一年前我無意中發現丈夫和公司一位單身會計A女一直在傳簡訊，那時我開始變得不再信任老公，但他始終不承認，一直說沒發生什麼事情。

一年後，這件事情還是一樣困擾著我，因為公司只有兩個職員，一是老公，另一位則是A女，所以我很擔心，因為A女之前多次叫我老公上下班來接她，現在我真的受不了這種折磨了，請問該如何是好？

問題原來在這裡！

一年前妳就知道事情有異，但寧可相信丈夫的辯詞而未採取行動。一年後顯然他與A女因工作關係天天相處，感情與日俱增，而妳與丈夫的感情仍停留在一年多前不好不壞的階段，只是眼看丈夫接送A女上下班，自己也不能再否認事態嚴重了，擔心、焦慮、懷疑、生氣及傷心情緒籠罩一身，不知所措。

公司裡只有老闆與女員工兩人的確很危險，看樣子A女儼然是事業夥伴，且與老闆產生男女之愛。而丈夫將自己的感情關係一分為二，白天與A女相伴，晚上與妳同住，只要妳不知情不吵鬧，他就可以安然無事享齊人之福。現在就看妳還要不要這個婚姻，答案若是肯定的，則可自兩個方向著手：一是整治兩人的感情關係，強化婚姻基礎；一是經常介入先生與A女之間，宣示主權。

由於夫妻在日常生活中相處還算融洽，與孩子的互動也不錯，因此夫妻可相約在外用餐，或全家一起出遊，且盡量養成習慣，經由家人頻繁的互動來拉住丈夫的感情，讓他重新體會妻子及孩子的珍貴親情。平日可藉口送午餐或約丈夫外出用餐到公司找先生，也可在下班時帶孩子去找爸爸出外晚餐。多在A女面前出現，讓她回到現實，也是在警告先生，他是有家室的人。這是妳一年前就該做之事，現在還是可以一試。

公司裡只有老闆與女會計兩位員工，各人必肩負眾多工作與責任，互動機會太多了，倘若彼此未保持雇主與員工的人際界線，當然很有出軌的可能，尤其相互傳簡訊而不是打電話直接談公事，看起來是有點曖昧。只是丈夫死不承認，而他下班後的生活也還正常，妻子縱使懷疑，也只有相信一途，未再費心追究，以圖家庭和諧。

妻子的擔心與日俱增，會計小姐多次要老闆接送的確逾越常情，似乎未將老闆娘看在眼裡，未顧到老闆家人的感受。為了確保自己的地位與權利，妻子應理性地面對丈夫，提醒他外遇的後果及對家庭的影響，也可經常去公司關心一下。如果夫妻雙方仍需要家庭，則請他斬斷外遇關係並遣散A女，改組公司人事。

報復丈夫就是懲罰自己

奇怪耶！怎麼會這樣？

與先生分居三年，但是沒離婚，因為當初他在外頭有女人，堅持要出去與那女人合夥做生意，現在因為生意失敗，所有投資全賠光，便提出了要回家的想法。

經過這些年，我的心已死，所以我覺得他如果回來，我沒辦法跟以前一樣對待他，尤其晚上的時候，想到他曾經與外遇對象溫存的畫面，就覺得很痛苦，根本不可能同睡一張床。請問他現在要求回來，我是應該答應，還是跟他離婚？

問題原來在這裡！

分居三年未離婚，現在丈夫想回家妳卻想離婚，有點自相矛盾。要離婚，三年之中任何時刻都可以離，但因他已出去，妳眼不見為淨，自己平靜過日子也習慣了，現在他與外遇分手，妳不得不面對這位曾經負心於妳的丈夫，新仇舊恨湧上心頭，欣慰他回頭，又恨他不忠，離婚之念才起，妳這是要報復丈夫還是懲罰自己？

與先生離婚，兩人都不會好過，怨恨越積越深，且有失落感，然而他搬回家住，妳會感到不習慣，生活會受到干擾，而且不甘心，想走就走，想回來就回來，且他回來妳還得侍候他，對妳不公平。首要還是先問問自己，已死之心還能回魂嗎？婚姻生活是否值得重新開始？丈夫是否誠心回頭還是只為自己方便？妳自己在人生中比較想要的是什麼？單身生活還是婚姻生活更適合妳？

以上的問題有些得經由與先生溝通後才能得到答案，必得先約他在咖啡廳或公園懇談數次，了解他的心態及打算。倘若他只是利用妳，當然可以置之不理；若真有誠意，妳也願意給他一次機會，則言明先當一陣子朋友，重新來過，雙方感覺都不錯時再搬回家同住，才會覺得自在，親密感也會自然產生。請妳回到現實，不要去想丈夫與他人溫存的畫面，現在起的每一分鐘才是真實，要好好把握。

搶救婚姻大作戰

分居的目的是要讓雙方分開一陣子，冷靜一下，思考過去婚姻關係的意義與價值，重新整頓自己，也問問自己想過何種伴侶生活。雙方見面可多談分開後的感覺與期望，若相差太遠或心已死，則協議離婚和平分手；如果都念舊情思念彼此，則可回到婚姻試行六個月再定奪，通常都會因失而復得繼續走下去。

分居是經過考慮後審慎的決定，已經搬出去的丈夫要搬回家也得慎重考慮，並且尊重對方的決定，因為家裡不是旅館來去自如，婚姻也不是兒戲，走投無路才回去找避風港。本案例是丈夫有求於妻子，妻子雖占上風，卻不宜賭氣刁難丈夫，或帶著勝利的心態收容他，而是理性地與丈夫溝通討論，評估復合後對各人及雙方關係的利弊及展望。

齊人之福的苦與樂

奇怪耶！怎麼會這樣？

結婚八年，夫妻感情不錯，一雙兒女也很可愛，原本以為可以知足過一生，沒想到半年前與同事A女產生情愫，陷入熱戀。在幾次出差旅行中，美好的性愛讓我們更難捨難分。我覺得我可以同時愛著兩個女人，覺得好幸福。

但是問題來了，A女已經開口要我離婚娶她，我有一個好婚姻，從未有離婚念頭。只是我也很愛A女，兩個女人我都不想放棄，請問我該從實告訴A女嗎？

問題原來在這裡！

當你與A女在一起時，你暫時忘記自己是有婦之夫，短暫扮演浪漫的單身男性，全心專注在A女身上，而她雖明知你已婚，認定你在婚姻中必有不滿足，才會另尋對象，也就姑且一試。當有了親密關係後，她覺得離不開你，想要長相廝守，而你給她的定位卻只是情婦而已，雙方認知有很大的差異。激情過後回到現實，你倆之間的甜蜜必會隨著越來越多的爭執而大大降低。

坦白說，你只是迷戀與A女的偷情刺激，也享受A女對你的好，你並不愛她，真愛是可以為她放棄一切或做任何事的。當她得知你只想維持現狀，她對你的印象及你倆之間的關係必會改變，而你對妻子不忠又了無歉意，當然也不是真愛。其實你對這兩個女人都只是膚淺的愛情，不是真愛，只是與妻子之間還多了恩情與親情。

從另一角度言，若妻子獲知你的婚外情及想要維持現狀的心態，她會同意嗎？由此可知，你只對自己的需求感興趣，並未真正替兩個女人設想，一直在誤導A女，讓她以為「愛情」可以修成正果，也讓妻子誤信你的忠誠。結束婚外情回到婚姻，是最簡單且符合各方利益的作法，請小心且慎重為之。

搶救婚姻大作戰

同時愛上兩個人並非不可能，但仍有不同性質及不同程度的差別。案例中男主角已表明不可能離開妻子娶外遇，可見元配仍排在外遇之先。因為愛的性質也不同，與妻子的愛是感情、親情、恩情及友情，與第三者只是激情與浪漫之情。對丈夫而言，兩個女人的優點都是他欣賞的，捨不得放掉任一方，能維持現狀最好。

丈夫的私慾極高，完全沒想到事情會越演越複雜。A女越陷越深，要求婚姻，這已是一個警訊了，而太太若知悉，也可能要離婚。既然自己擁有好婚姻就得珍惜，現在正是斷外遇回婚姻的好時機，越早告訴A女趁早讓她死心，就越能保住婚姻。

自力救濟護親權

奇怪耶！怎麼會這樣？

結婚三年多後因丈夫有外遇而離婚。我們口頭說好我每天都可以看小孩，沒有白紙黑字的協議書，但沒多久前夫打電話給我，要求我不能探望孩子，他還傲慢地說，如果想看孩子，我必須當面向破壞我家庭的女人說對不起。請問對於前夫出爾反爾的行為及不合理的要求，我該如何爭取我的權利？

問題原來在這裡！

結婚三年多就離婚，顯然婚姻基礎不穩固，雙方未注意到關係中的潛在危機，不懂得溝通、磋商及協調，丈夫乃向外尋求慰藉，而妳則有遇人不淑的感覺。離婚時因為孩子，妳以為前夫前妻應可和平相處，而他為了能趁早脫身，隨口答應妳以後可以每天探望小孩，但他其實是希望越早與妳了斷越好，因此離婚沒多久立刻反悔，完全未顧及母子的需求與感受，實在很自私，對妳及小孩都很不公平。

相信在離婚前夫妻必然吵得不可開交，妳可能有因辱罵得罪過第三者，現在小孩在一對「新人」手中，前夫被愛情沖昏頭，要幫第三者「討公道」，居然以孩子來威脅要妳去道歉，實在很離譜。而妳吃虧在於當初未簽署有關孩子探視之同意書，輕易相信前夫的話，現在終於看清他的真面目，這個男人翻臉跟翻書一樣，妳對離婚的傷心程度可以稍微降低一些。

無法經常探視孩子的確令母親心痛，請盡量動用社會支持系統，如婆家人、娘家人、前夫長輩或好友等，請他們為孩子著想，勸告前夫勿剝奪母子相聚時刻，此外請至大學或社區的法律諮詢服務社詢問有關探視孩子權利的法律處理之道。碰到逆境是沒辦法之事，這是一段很辛苦的路程，但是妳要勇敢的走下去。

搶救婚姻大作戰

戀愛時被情慾沖昏頭，只想趕快合法地住在一起，匆匆進入婚姻，婚後才發現原來婚前很多事沒看清楚。離婚時亦然，由於在不愉快的婚姻中忍受夠久了，急於掙脫不幸，匆匆簽協議書。離婚後才發現好多事未處理完善，尤其是子女監護、撫養、探視及贍養費等，白紙黑字加上公證都不一定能履行，口頭說說是很難有保障的。

被剝奪探視孩子權利的離婚媽媽是非常痛苦的，與其以淚洗面不如勇敢爭取，通過各種正式或非正式管道與前夫談判，軟硬兼施並動之以情。過程會非常痛苦，但相信母愛的力量能大過一切，且孩子也有孺慕之情，母子仍有相聚的機會。

為變調的愛留一點空間

奇怪耶！怎麼會這樣？

一向受我尊敬及讓媽媽信任又深愛的爸爸，因為接二連三外遇，讓我對他徹底失望，甚至討厭他。媽媽受此打擊送醫掛急診，吃不下也睡不好，好幾次心碎說要自殺。身為家中老大，不忍心看媽這樣對待自己，而我做了很壞的示範就是叫爸媽離婚，也叫媽媽不用顧慮孩子，但媽卻說對爸還有感覺，怎麼辦？很多人都勸媽看開點，但這種觀念我無法認同，為什麼女生都要忍受，但我始終不敢說出口怕刺激媽媽。我好氣自己沒能力處理這一切，我該如何做才好？

問題原來在這裡！

爸爸有外遇，母親傷心過頭，妳痛恨自己不能改變現狀，問題這是男女感情之事，女兒是很難插上手的。父母的婚姻必有潛藏的危機存在，母親平日比較專注在孩

子身上，可能沒有察覺到，而爸爸在外面對諸多誘惑，很容易就淪陷了。婚姻當事人得以成人的方式來面對婚姻問題，雙方願意重修舊好，在婚姻關係中努力，外遇行為才會停止。

妳是具有性別平等觀念的現代女性，對家人充滿了愛，因父親外遇而對他由愛轉恨，很想幫助弱勢的母親，然而這全是妳身為女性及女兒的觀點及感覺，母親的觀點及感覺則是完全不同的。因此首要之事是去同理母親的感覺，傾聽她對丈夫的愛及期待，陪她度過艱難的時段，而不是說離婚是為她好。如此她就會感到溫暖貼心，有了陪伴與支持，讓她的心情安定就不會嚷著要自殺了。

母女及其他弟妹都維持家庭氣氛，善待父親，他回到家後看到的不是哭罵指責的場面，而是愛的歡迎，他會因良心發現而感到慚愧，趁此機會催促父母一起去做婚姻諮商，攤開婚姻困難，共同培養化解問題的能力。因此請妳不要心急，靜下心來做妳能做的部分。

婚姻中有不滿足，伴侶會向外尋求慰藉或補償，一次外遇可以原諒，接二連三則顯示對婚姻不負責任、對配偶不尊重，一再欺瞞，根本未將配偶放在眼中，難怪許多配偶受不了離婚求去。案例中的妻子因愛家愛丈夫，眼巴巴地盼望丈夫回頭，卻一再受傷，以至於女兒看不過去，力主父母離婚。

只是母親內心並未準備好要離婚，她可能從未想要離開丈夫，離開這個對她而言完整的家，而且這是她的婚姻，她應挺身爭取自己身為妻子的尊嚴及權利，先去做婚姻諮商，學習如何與丈夫對談及溝通，先找出婚姻關係到底哪裡出了錯，還是父親根本是不適合結婚的男人。當她能分析事實，面對丈夫的真面目時，可能會發現原來多愛自己比死守在婚姻中有意義多了。

好友的祕密戀情

奇怪耶！怎麼會這樣？

美美是我的閨中密友，結婚十年，最近她向我透露找到真愛，對象A君也是已婚育有二子，兩人熱戀且決定維持秘密婚外情直到孩子上大學，再各自離婚後結合。她丈夫亦是我的朋友，他倆已共嚐十年婚姻的甜與苦，而他現在居然在不知妻子婚外情的情況下繼續婚姻，我真替他抱不平。

請問我是眼睜睜看美美享樂她丈夫受苦，還是向他說實話？但這樣做變成背叛二十五年的老友，怎麼辦？

問題原來在這裡！

聽起來妳是同情好友丈夫，因為他並沒有做出違背婚姻誓言之事，而且也是妳的朋友，只是婚姻如人飲水，冷暖自知，他倆之間潛藏或浮現的問題，只有當事人才知道。美美必定在婚姻生活中有所不滿足，才會向外尋求慰藉，其實各自的婚姻及家庭中也有許多她及她男友珍視的部分，難以割捨，否則他們早就各自離婚長相守了。

目前婚外情正熾熱，情人之間什麼樣的承諾及各種願景都說得出口，但是秘密戀情通常很難通過現實考驗，也許過一陣子兩人感情變淡，或者有一方良心發現，也可能被人撞見東窗事發，有太多因素會干擾婚外情的持續，因此妳不用太擔心它會維持到孩子進大學，如果真能持久，就表示那是真愛，誰也無話可說了。

到底要不要告知被蒙在鼓裡的一方其配偶有婚外情，眾人的意見莫衷一是，說與不說各有利弊，不說通常是因為傾向於替各方設想，不偏袒一方，何況婚姻是家務事。妳不用勸美美懸崖勒馬，只要分析可預見結果及告知妳對其行為的感受，並告訴她妳不做同謀來欺騙她丈夫。妳當然不需主動去告知，但他若問起，妳就會說出來。

搶救婚姻大作戰

女性有外遇，身心甜蜜，心裡裝得滿滿的，必須找人分享，乃將秘密告知友人，好友有如接到燙手山芋，雖答應要保守秘密，卻覺得不妥，不願意成為同謀，也不想違背心中的正義感，在說與不說中煎熬。案例中的美美雖是好意，與好友分享隱私，卻是將自己的快樂建築在別人的痛苦上，陷朋友於不義。

華人都有「我不殺伯仁，伯仁因我而死」的觀念，因此好友擔心美美東窗事發婚姻破裂將成為她的罪過，其實不必將別人的婚姻問題扛在自己肩上。美美有外遇，選擇告訴好友，她得為自己的行為負責。朋友該說該勸的都做到了，也只能祝福她平安無事。

已婚熟女夜不歸營

奇怪耶！怎麼會這樣？

結婚第一年我們很開心，後來妻要我週末晚陪她上夜店或找朋友一起唱卡拉OK，我因不習慣過夜生活乃讓她跟朋友一起去。第三年她不小心流產後我們就沒再同床，而她晚歸或夜不歸營的次數已增加到一個月兩次。

我當然很生氣，她說唱歌唱到天亮之事婚前也有過，何必大驚小怪，說討厭我整夜打她手機。昨天我偶然發現她居然以已婚熟女名義上網交小男友，我真的好沒安全感啊！

問題原來在這裡！

「已婚熟女」的暱稱多麼引人遐思，有些男人就是對已婚成熟女有性幻想，你太太顯然對男性心理頗為懂得，但這不表示她捨不得婚姻，不想離開，只是釣男人的方法之一，她已經不尊重你及這個婚姻了。三年來婚姻生活中的大小事可能不如她原來所期待，漸漸對你失去「性趣」及情趣，但你對她的供養，包括吃住及零花，可能是她暫時未離開的誘因。

妻子已經沉溺在放縱的玩樂生活中，不知是自覺婚姻不快樂而麻醉自己，或是本性愛玩，不想待在婚姻生活中，尤其是不想與人生觀及生活方式不同的丈夫在一起，這只有她自己心裡最清楚。而她種種行為當然會讓你生氣，然而你的不安全感其實來自於自己。你與妻子缺乏良性互動，無法掌控自己的婚姻，任它惡化，生怕婚姻解組，卻未採取任何行動，當然就沒有安全感。

一個有安全感的人是不會忍受這種情形的，最好在雙方都心平氣和的時候，以成人態度對談，互相聆聽婚姻到底出了什麼問題，問問彼此是否還想待在婚姻中，若答案是肯定的，則一起去找婚姻諮商師尋求重建關係，否則就好聚好散放她自由，你自己也可以重新生活。

結婚是為了建立家庭共同生活，不論有沒有小孩，家總是要像個家，舒適、自在、安全、放鬆。週末小倆口當然要出去玩，偶爾上夜店或唱卡拉OK沒關係，但只是妻子每週都去，甚至夜不歸營，置丈夫於家中，則很過分。丈夫卻因疼妻子信任她，讓她與朋友同去，她卻變本加厲，還上網交男友，夫妻已成室友了。

這個婚姻的問題很大，夫妻缺乏共同興趣，妻子流連夜店，流產後未再同床，兩人已無親密感及溝通。第一年雖有感情基礎，但後來種種問題發生，已使得妻子對丈夫的感情冷淡，恩情消失，看起來妻子要在婚姻中努力的意願不太，丈夫可能要走一段辛苦的獨行路。

婚外情後遺症

奇怪耶！怎麼會這樣？

十二年前發生婚外情，老婆原諒我，我也離開外遇及所生女兒。最近跟女兒的媽媽取得聯絡，她未婚且一直守著女兒，十一歲的女兒功課好也很乖，媽媽的薪水被工作的補習班東扣西扣所剩不多，女兒體貼回收資源換取微少零用錢，交營養午餐費。

對此我非常心酸痛苦，至今我還是非常愛女兒的媽，想提供她生活費與安家費，也想與女兒相認。不過我心裡很矛盾，是否要誠實跟老婆說這一切，如果不說而自己默默的做，是不是又背叛婚姻、背叛家庭呢？

問題原來在這裡！

婚外情後遺症對你身邊相關人士的殺傷力不小，宜小心處理。俗話說得好，眼不見為淨，但是一看到懂事乖巧的私生女，再想逃避或遺忘眼前的一切是不可能了。對一個逐漸成長，潛能正在發展的小女孩，你光有同情心還不夠，理應負擔孩子的生活費及教育費，才是盡到做父親的責任。

既然妻子原諒你的婚外情及私生女，兩人重修舊好，這十二年來你的表現必然令她滿意，你只能把對外遇對象的愛藏在心底，老實地告訴妻子，你只是要盡為人父的責任，也希望與女兒相認，保證絕不會與其母死灰復燃。妻子必然很擔心，但她若真愛你，也不忍攔阻骨肉之情。因此為了取得她的信任及給她安全感，你可請求她與你共同處理此事。

徵得妻子同意後，也得徵求女兒母親的同意。也許她不願你與女兒相認，也不肯接受金錢幫助，那就得靠你們夫妻盡量與她溝通了。一定得先由母親告訴女兒相認之事，讓她有心理準備，千萬不可自己冒然去相認，以免女兒反彈造成反效果。

搶救婚姻大作戰

有外遇還生小孩，是強烈婚姻殺手，妻子肯原諒，接納丈夫重回婚姻且重建夫妻關係，是寬宏大量加愛心。雙方都有投入心力，婚姻才能繼續維持，外遇可以不再來往，但有小孩的事實卻抹殺不掉。當孩子逐漸長大，骨肉之情牽動生父的歉疚感、罪惡感，父愛也越來越高漲，畢竟女兒是親骨肉，未盡責任已經良心不安，不伸手援助及認養，將會寢食難安。

妻子既能寬恕丈夫外遇的行為，她一定很愛丈夫。只要丈夫誠實以告，劃清界線，只是相認及扶養，並不進家門，而且拜託妻子全程參與，支持與陪伴他去盡父親的責任。此時丈夫的誠意、愛意與溝通能力很重要，才能消除妻子的猶豫與懷疑，加強彼此的信任，共度難關。

三角危機

奇怪耶！怎麼會這樣？

老公與合夥人A女很有話聊，一起外出辦事、逛街、吃飯，單獨過生日，從未替我慶生，我也沒要求過。A女老是跟我說要好好經營婚姻，背後又約我老公出去過生日，被我捉到，因此成仇人。

早就跟老公說過要避免日久生情，如果真的愛上她，那就離婚，他都沒回應，我不知他心裡在想什麼？他這樣算精神外遇嗎？他現在很愛對我發脾氣，怕我用他的錢，什麼也不給我。既然心裡沒有我為何不離婚，孩子已上大學，他們到現在還是一樣，我要如何阻止他們，若我離婚值得嗎？

問題原來在這裡！

妳先生與A女名為合夥人，實為情人、密友的成分更多，多年來已形成革命感情，牢不可破，妳很早就覺得不對勁，卻不肯面對現實，只要丈夫每天回家就好，一拖十幾年，現在孩子大了，妳生活的重心消失了，妳才覺得空虛。丈夫愛生氣，不肯給錢，你突然開始質疑留在婚姻的必要性，感覺委屈、難過與困擾。

三角關係的互動模式其實是一面倒，丈夫的感情寄託與生活重心都在A女身上，他和妳及孩子過的只是例行的家庭生活，自以為有盡到為人夫為人父的責任，事實上他與妳之間無親密互動，缺乏婚姻本質，而他現在又吝於對你付出金錢與感情，雙方似乎都被婚姻枷鎖綁在一起，他可以向外尋求安慰，妳卻痛苦往肚裡吞，妳現在終於提筆向外求助，表示妳的忍耐已到了極限，這是一個突破的時機。

妳覺得就此放棄近二十年的婚姻，到頭來一場空很不值得，但如果繼續待在婚姻裡，情況沒有改變或每下愈況，妳會比現在更痛苦。因此最重要的是釐清妳自己到底要什麼？不良婚姻之於妳人生的意義是什麼？如果遲早要離開當然要趁早，妳還有三、四十年要過，問題是要怎麼過。若妳不想一個人過日子，只求安穩生活於目前的狀態中，那妳就要看開一點，或想辦法改變雙方的互動關係。建議找婚姻諮商師晤談，請他協助妳釐清問題。

搶救婚姻大作戰

先生利用太太的單純、順從與信任，藉合夥之名搞外遇之實，十幾年來已經對妻子非常不公平，A女卻越來越囂張，不將情夫的老婆放在眼裡。這個男人被操縱至此地步，既沒本事又無責任感，所有愛情實質都給了A女，自己卻還享受家庭的溫暖，的確不公平。

一拖十幾年，現在抓姦已經來不及，倒是妻子開始覺醒，越來越覺得不對。目前孩子已讀大學，相當懂事，可以理解大人的事情，母親不妨與孩子談一談，聽聽他的看法。當然母親如果可以去找婚姻諮商，整理自己的婚姻，看看在這樣的年紀自己到底追求些什麼，要重新過個人生活，還是過婚姻生活？並學習如何與丈夫溝通攤牌，該是為自己活的時候了。

婚姻裡的秘密關係

奇怪耶！怎麼會這樣？

結婚六年，與丈夫感情還算好。三個月前，十年前的男友A君寫電子郵件給我，我們開始通信與通話，雙方配偶均不知情，我們聊得很開心，以前美好的回憶都回來了。每次談完都好期待下次再聊。

這樣私下無傷大雅的聯絡可以嗎？我不敢告訴丈夫，好怕失去這份特殊關係。我心中有兩種聲音，一種認為向丈夫隱瞞此事是不對的；另一聲音卻認為我有權與老朋友交往，請問高見。

問題原來在這裡！

妳當然有權與給予妳情緒支持的人互動，理想上而言，此人應是妳丈夫。這份秘密關係將妳的婚姻置於風險中，妳自己也說萬一被先生知道了，就無法繼續私下

聊天，即為妳瞭解先生必然會認為這是精神外遇，後果將不堪設想。不妨將角色互換，倘若今天是先生與他的舊愛私下寫信聊天被妳發現，妳會如何反應？

將心比心答案就出現了，既然這份關係有潛在危險，妳就應該主動地向A君表達，老友只要久久問候一次即可，為了彼此的婚姻幸福，妳決定轉化此種互動為君子之交淡如水的友誼形式。不論對方願不願意，妳得堅持做到，然後再回頭來看自己的婚姻，就因為夫妻互動中缺少情緒方面的親密感才會向外尋求，該是修護親密關係的時機了。

每一個婚姻都會面臨挑戰，而伴侶們如何應對這些挑戰，就影響到婚姻關係的改變。妳與丈夫可同心致力於身心親密感的建立，例如每天下班後睡覺前各抽十至十五分鐘關心對方且聊心事，中午休息時打電話說說情話，以加強心連心的感覺，鞏固關係，必要時兩人同去找婚姻諮商師談談，也會有幫助的。

搶救婚姻大作戰

結婚後又與舊日情人聯繫上的情況經常發生，舊日情懷全湧上來，渴望見面或電話聊天，甚至寫電子郵件追緬過去種種，這都是人之常情，也是未盡事宜的抒發與處理。通常都是維持聯絡一段時間，然後情緒及心態都慢慢回到現實生活，舊情人的關係也就自動轉換為朋友關係，又回去過各人的生活了，此乃正常人際關係之轉換。

短暫活在過去沒關係，但若將過去拉到現在，並繼續發展往日情誼，則此種曖昧關係與婚姻中的夫妻關係很難相容。這問題牽涉到兩對夫妻之情緒及生活，很有可能危害婚姻，甚至傷害到無辜的孩子們，宜謹慎處理。

小女友VS.大禍患

奇怪耶！怎麼會這樣？

與先生結婚二十四年，是大家誇獎與羨慕的對象。我很愛他，他也常表現得很愛我，一路走來我完全信任他，他應酬打牌夜歸我也相信他，直到愛的簡訊無意中被發現。

原以為是一般酒店攬客簡訊，沒想到他理直氣壯表示，中年男人交交小女朋友傳送愛的簡訊是很普遍也很正常的事，太太不需追根究柢，只要丈夫每天回家盡對家庭的責任，便是好先生、好爸爸。我迷惘了，這真的沒什麼需要處理嗎？

問題原來在這裡！

過去廿幾年妳的婚姻的確不錯，那是因為兩人都同心投入生活，一路走來，孩子長大了，家庭經濟基礎也穩定了，但你們的身心親密及心靈交流是否依舊？問題可能就出在這裡，每天生活依舊，兩人卻不再說甜言蜜語，可以談的話題也越來越少。妳依然滿足於現狀，丈夫卻覺得有所欠缺，又因外界引誘又多，他情不自禁向外尋求慰藉。

另一個原因可能是丈夫的中年危機，他擔心自己老了，不再有男性魅力，當小女生稱讚他成熟穩重能幹時，他就暈陶陶了，色令智昏，他明知不對，卻以歪理來合理化自己的錯誤行為，這是自欺欺人。

妳的感覺應不只是「迷惘」，應是憤怒與受傷，妳要捍衛婚姻，當然要挺身處理。不妨耐心勸他適可而止，認真告訴他婚姻已受威脅。點明婚姻關係中若有任何不滿或問題，兩個人先溝通再一起改進，並邀請他共同去作婚姻諮商，藉諮商師的引導說出對彼此及婚姻的感覺與期待，當然他也可以做個別諮商，談談他的簡訊戀情，也等於給先生一段時間緩衝，讓他與小女生疏遠。

搶救婚姻大作戰

夫妻感情佳婚姻生活美滿，是因為雙方都在乎對方，別無二心，有人可持續一輩子，有人卻在中途分心，乃至變心。案例中的先生一直都是愛妻顧家心無旁騖，卻因中年危機及外來誘惑，開始享受簡訊傳情的曖昧感覺。而他之所以理直氣壯，是因為他覺得他還是愛妻顧家盡責任。

殊不知他只要分心，一切就會走樣了。太太開始焦慮不安，懷疑並質問，丈夫會因防衛而出言頂撞，太太覺得自己沒做錯事還被如此對待，也回嘴對罵，如此一來一往，有可能將感情吵光，家裡也變得不安寧。因此分心時是閃黃燈，丈夫有覺醒則仍有藥救，等到變心時就是亮紅燈，婚姻將陷入大危機，難以收拾。

我與同志有婚外情

奇怪耶！怎麼會這樣？

由於家庭期望與社會壓力，十五年前我揮別同性摯愛與小美結婚。我是她心儀的對象，她是我第一個女友，婚後相處不錯，我才發現我是雙性戀。

五年前我與同志有婚外情，主動向小美承認，她以淚洗面。雖然我們去做諮商，婚姻諮商師忠告我要在夫妻關係中努力，尤其是性生活，但現在我已不再感興趣了，只想與同志親熱。我們已有兩年未有性生活，小美沒做錯事，我不應對她撒謊，也不想離婚，但目前狀態兩人都受苦，怎麼辦？

問題原來在這裡！

雖然你說自己是雙性戀者，但聽起來你是同性戀者，當年你結婚的動機並非愛情，而是家庭與社會壓力。當時你願意走進婚姻且擔起家庭責任，所以可以與妻子組織家庭，和平相處，但婚姻穩定後生活變得平淡，你內心真正的需求其實沒有被滿足，你真正想要的還是同志戀情，所以你才會有婚外情，也就越來越確定自己的性愛喜好了。

你對小美不是沒有感情，只是親情、恩情大於激情與愛情，而你似乎也還未能走出社會壓力，因此你們去找婚姻諮商。諮商師以你倆共同主訴求——維持生活與性生活運作，要求你多關切這方面，卻忽視了你真正的性導向及親密關係之需求，也可能是你在聯合晤談中並未誠實表達自己的真實想法與需求。

你是有婚姻之人，若繼續有婚外情，對妻子是不公平的，當初她以為你是異性戀者才會全心投入，如今她已經受傷，你還忍心再以雙性戀的藉口或維持有名無實的婚姻來令她傷心嗎？不如以真實的自己誠實與她溝通，告訴她你想的，也給她機會來做一些選擇及決定，包括是否繼續留在婚姻中。理想上，夫妻做不成也可以做朋友。

搶救婚姻大作戰

有些同性戀會勇敢地於學生時代出櫃，然而大部分同志都要花長時間做心理準備。同性戀者進入社會後，面對家庭及社會壓力，若自己又不是很排斥異性，有些同志會順眾意與異性結婚生小孩，但過得並不快樂，也有像案例中的男主角，確定自己的性導向，一心想發展同性戀戀情。

每個人都有追求自己幸福的權利，但若牽涉到愛他的妻子，就不是一個人的問題了。粉飾太平假裝沒事，或偷偷發展婚外情是最不明智之事，唯有向妻子坦承真相，請她原諒。她若接收到真誠歉意，即使震驚、傷心、生氣及失望，也會因瞭解而接納事實，原諒丈夫。

往事都隨風

奇怪耶！怎麼會這樣？

十年前讀大三時，我對學長極為著迷，我們出去過幾次。他服役時認識了A女，瘋狂戀愛，後來還結為夫妻，我有失去初戀之感。時間令我淡忘，而我也在五年前結婚了，夫妻感情不錯，但是我常在想，如果當初我主動些熱情些，說不定早就抓住學長的身心成為夫妻了。

最近我加入臉書，在一大堆大學同學的邀請名單中看見學長的名字及近照，白天及夢中經常出現他的影像，我覺得自己好像精神出軌。可笑的是學長不知，而我丈夫更不知有此號人物存在，怎麼辦，我煩惱極了！

問題原來在這裡！

當年妳對愛情的憧憬是與學長成雙成對，然而才開始發展友誼，沒想到學長很快就遇到他心儀的對象，妳的心願落空，有嚴重失落感，未向人傾訴，持續良久，直到妳有自己的婚姻。然而妳並未認真去處理這份情緒，只是將它鎖在記憶的一角，所以當妳在臉書上看到學長的姓名及照片時，勾起大學時代的生活回憶，此時妳的「未竟事宜」浮現出來，過去的失落夾雜現在的思念，已開始影響妳目前的生活及心情了。

這一切都肇因於妳的愛情夢。夢與現實的落差很大，妳卻不願承認學長對你只有學長學妹之情，事實上妳也從未向他表白，因此兩人的情誼根本不算是戀愛，妳不應該有失落感。然而做夢也有醒來之時，不可與現實生活混淆，想想看，這些年來學長沒與妳連絡，現在他必然在臉書上看到妳的名字，也未主動連絡，顯示他只是視妳為學妹而已。

最好的方法當然是將學長的名字自臉書中刪掉，並將青春之夢關在記憶深處。這不算精神出軌，這是妳的私事，不是壞事，請勿自責。當然沒必要告訴先生，妳只要繼續愛他就好了。

「未竟事宜」是完形心理學派的主要概念之一，是指人在過去重要事件中產生的各種情緒，在當時並未加以處理，理智上以為度過難關了，其實情緒還壓在心裡，過了很久後偶爾碰觸到痛點，所有的情緒全自心底湧出來，人也經常跟著情緒回到過去，在過去與現實中掙扎。

事情的確發生過，但事過境遷，當事人已經成長了，應以現在的自己來看過去，相信自己有能力處理未竟事宜。以案例中的女主角為例，她當初憧憬與學長相戀，而學長竟看上別的女孩，令她產生嚴重失落感，久了隨著時間而淡忘，但在臉書看到包括學長在內的一大串名字時，勾起往日情懷，又陷入幻想。暫時回到過去可以整理人生，自我成長，但若將過去與現實混為一談，則易讓生活脫離常軌，也隱藏著婚姻危機。

只給妳祝福

奇怪耶！怎麼會這樣？

大學時與A女相戀，後來她去美國讀碩士，我因家中經濟無法出國，她要我忘了她。小小傷心了一陣子就開始衝刺事業，也認識了B女，我媽認為她可持家，同居四年後結婚，這期間與A女在即時通上聊天，才發現我們忘不了對方。

如今相識十年，她未婚，在台灣有自己的公司，我也有了一個女兒，經常在即時通上曖昧聊天，也出去了幾次，每次心裡的震撼都要好幾天才平息。想跟她在一起的慾望越來越強烈，我真的無法也不想停止「精神出軌」啊！

問題原來在這裡！

你的心很想發展前緣，你的理智卻不斷告訴你，你是已婚有女兒的人，你就一直在浪漫與現實、感情與理智中掙扎，你自己何嘗不想擁有一個平靜生活充實人生，所以才寫信來詢問。其實都是當局者迷，如果你能跳脫出來，以旁觀者來觀看自己的感情連續劇，會覺得姻緣天注定，還是兩人都一直給自己及對方機會去發展曖昧情？

能與B女同居四年才結婚，你也不可否認對她的愛，絕不可能僅因母親中意她而與之結婚生女。婚姻生活加上四年同居而顯得好像已婚很多年，有老夫老妻的感覺，再加上你經常上網與A女聊天，浪漫之心已放在A女身上，對妻子激情減低，婚姻中光是親情及恩情是不夠的，且最主要的原因還在於，得不到的越想得到，既然對方仍有意，你就想努力去「完成」你當初的戀情。

在從前的環境中，與A女的戀情是自然培養且被祝福的，然而時過境遷，A女其實不該對你的曖昧之舉有反應，當互動太頻繁時，身心都容易出軌，結果有可能引起家庭革命。不管是與A女斷絕來往重回婚姻，或者就此離婚與A女結婚，都要付出極大代價，請深思熟慮。有些情況下，兩人真心相愛，並不一定要結成連理，而是將愛埋在內心，真心祝福對方。

又是一個「未竟事宜」的例子，且相當嚴重。初戀的兩個男女十年後相逢，男方已婚有孩子，就不應企圖發展婚外情，他可以給自己一百種藉口，例如先入為主、女方未拒絕、婚姻太平淡等來合理化自己的慾念，縱使女方願居小三或橫刀奪愛，兩人在一起只是短暫續前緣，完成未竟事宜，之後的命運仍未卜。

男女各人早就選擇不同的人生途徑，有各自的生活，偶然有了交集本是好事，應該祝福對方有美好的人生，而不是弄亂原本的生活，跳進情慾的火坑，傷害了週遭家人。

媽媽不壞，只是不夠好！

奇怪耶！怎麼會這樣？

跟我同住的六歲女兒問我為什麼跟媽媽離婚，我頓時不知如何回答，因為她媽媽有外遇，與女兒很喜歡的A叔叔同居了。對此我很傷心，真擔心說出實情會令女兒難過，影響女兒與母親的關係。我要女兒下次見到媽媽時自己問她。

暫時應付了女兒，但我相信她會再問我同樣的問題。我一向主張對女兒坦誠，並試著回答她所有問題。這次我很氣自己，未能給她一個滿意的答案，也擔心她以後不會來問我問題。請問何時才能告訴女兒離婚的真正原因，又要如何說呢？

問題原來在這裡！

做父母的當然要向子女坦誠，表達真實的感覺，說出事情的真相。大人誠實才能獲得女兒信任，但為父者也有責任保護女兒與其母親的關係，因此你的確很為難。六歲小孩還不懂事，她很難瞭解媽媽離開爸爸的實情，所以現在還不需告訴她真相。

趕緊找時間與前妻討論這件事，雙方共同商量出回答女兒的版本。當任何一方被問及時，一定要讓她對當前生活以及改變後的家庭狀況有安全感且自在。最好的方法是主動出擊，告訴女兒，「爸爸和媽媽個性不合，很難住在一起，所以我們離婚了，媽媽現在有A叔叔陪伴，爸爸有女兒陪伴。這是大人的事，爸媽離婚並不是妳的錯。離婚後爸爸很悲傷，但因為有妳，我的生活過得很開心。」

重點在於讓孩子知道，爸媽雖不住在一起，但她還是被重視被疼愛，目前家裡雖然少了媽媽，但周末或寒暑假可以去媽媽家住。父女及母女親情各自發展良好，則女兒稍長後發現父母離婚的真相，取代震驚的將是了解及接納。

搶救婚姻大作戰

離婚是自不愉快婚姻中解脫的方式，但離婚後也有一大堆難題要面對。現代人離婚率相當高，認同自己是離婚者的議題較沒問題，倒是如何與不同年齡層的孩子談父母離婚及相關議題，對許多離婚夫妻而言是一大挑戰，尤其是因一方外遇而離婚時。

受傷的配偶可能對著小孩罵其父（母）不檢點來發洩情緒，而有外遇的一方可能什麼也不說，離婚前後父母的言語、態度及行為不一致，會導致孩子的不安全感，他們不知道要相信誰，且父母的表現與自己平日對他們的認知不同，會感到矛盾而不知所措，因此離婚後父母的態度及說詞最好一致。

我才是正牌妻

奇怪耶！怎麼會這樣？

老公的同事A女小我十歲，熱情而活潑，一直很關心老公生活種種。不到半年，他倆果真走得更近，她引導他對我們情感負面的看法。我反覆想，在整個事件中，我像個弱者，什麼事也不敢做，眼睜睜看著事件在預期中發展。他可能受不了這種主動引誘，辦公室也傳出他們的緋聞。

最近他倆單獨出遊，但老公否認外遇，說我想太多，且恐嚇威脅我不得到公司找A女或找他。對我愈來愈不滿，判若兩人。我想勇敢的面對他及A女，告訴他們這事對我造成的傷害，可以嗎？

問題原來在這裡！

發展公司婚外情是不智的做法，A女不顧道德不畏人言，主動接近妳先生，而他

也被她的熱情活潑所吸引，近水樓台日久生情，兩人的互動漸成自然，她成為他工作時的心靈寄託與感情依賴，下班後丈夫回歸日復一日的家庭生活。截至目前為止，他認為自己並未出軌，所以才理直氣壯地對妳態度不佳。

在公司裡曖昧互動的確很大膽，但至少有同事的眼睛在看，他倆不敢過分，若私下相約出遊，不論有無親密關係，就已經構成出軌的事實。已婚男性除了公務外，沒有理由邀他有興趣的單身女同事出遊，他已情令智昏，正在玩火而不知。妻子若到公司去鬧，必然三敗俱傷且惹人看笑話，但必然是妳曾與先生吵過，他怕妳去鬧，才會出言恫嚇。妳可藉故去百貨公司購物完「順道」經過先生公司，在對面咖啡廳等他下班一起回家，也等於是反過來威脅他，讓他有所警惕，並向A女宣示主權。

婚姻生活日趨平淡，丈夫才會被A女短暫吸引。妳當然不能變成年輕的A女，但妳可以在婚姻生活中注入活潑與熱情，多注意丈夫的喜好及需求，投其所好與他聊天及共同活動。關於維繫婚姻，並不是丈夫回到家裡妳就安心了，然後在家各做各的事，而是要增加分享的時間空間及話題，當然也別忘記堅定但溫和地告訴他婚姻的重要性及婚外情的毀滅性。

搶救婚姻大作戰

以往的外遇大都是因男性風流而出軌，妻子為受害者，而第三者多為單身女性，現在辦公室戀情花樣可多了，單身男與已婚女、單身女與已婚男，或已婚男跟已婚女，還有姊弟戀、同性戀等。由於近水樓臺機會多，加上總有些人很主動，即使對方起先抗拒，時間久了也很難拒絕柔情攻勢而淪陷了。

西方人喜歡在自己的辦公桌上放全家福或夫妻合照，是有其道理的，一則感到有家人陪伴，二則提醒自己是已婚者，三則提醒辦公室同仁自己是有家室的。華人比較不作興這一套，配偶更是少參與公司同仁活動。但無論中外，辦公室戀情是很流行的外遇現象，對婚姻造成很大威脅，但若夫妻感情好且能分享各自上班情形，是防範辦公室戀情的基本步驟。

舊帳風波

奇怪耶！怎麼會這樣？

女兒小時岳母住我家，管東管西，我覺得很煩，向妻子好友A女訴苦，發展了婚外情，維持了五年。岳母逝世後家中清靜，我在家的時間多了，發現太太無微不至地照顧兩個女兒，我更愛她了，然而妻子另一好友B女向我示愛，我們出去喝咖啡被A女撞見，她因嫉妒告知我妻。

兩段外遇同一時間爆發，看見妻子如此傷心，我愧對她，主動邀她去做了兩次婚姻諮商，承諾永不再犯且永遠對她忠心。她原諒我，我們也恢復婚姻生活，只是三年來她一不如意就翻舊帳，我快被逼瘋了，忍不住就吵，她為什麼不能瞭解我是真心改過呢？

問題原來在這裡！

老被翻舊帳的滋味的確痛苦，妻子的言行不像是往重修舊好的目標前進，你一個人在婚姻中努力很孤單，且效果不彰，挫折感重。這是你從自己的立場來看婚姻，但妻子的心路歷程完全與你不同，雖原諒你過去的外遇，卻仍是難以忘懷，當心中有負面情緒產生時，很容易與過去的不愉快經驗連結，才會翻舊帳。

妻子必然比你更想重建美好夫妻關係，只是她要承受的不只是丈夫的背叛與欺騙，想到身邊好友A女及B女居然敢搶朋友夫，還爭風吃醋，這種背叛對她來說是太沉重了。雖說事情已過三年，與兩女已無來往，但她可能陸陸續續聽到她們的消息，難免又勾起回憶引起情緒波動；另一方面，你想讓往事過去，所以諱莫如深，絕口不提，妻子卻很想瞭解一切狀況，你越不說她越疑心及好奇，也就增加對你的不信任。

你們有繼續去做婚姻諮商的迫切性，在美滿婚姻的共識下，經諮商師的引導及介入，將三年來的努力及心事積壓宣洩出來，她有什麼疑問也可儘管提出，你真誠回答。你也可以將自己的感情及期望向她表白，總是希望疑點消失，誤會冰釋，重新認識彼此，再度建立相知相惜的關係。

搶救婚姻大作戰

一次外遇妻子通常會以家庭為重，輕易地原諒丈夫，但兩次出軌對象都是太太的好友，這位丈夫既沒定力又無倫理。妻子雖是傷心憤怒，仍以家庭為重，且因丈夫願意同去接受婚姻諮商，乃勉強原諒接納他回到家庭生活，但兩人並不是從此幸福美滿，夫妻之間仍有衝突，太太很沒安全感，才會吵架時一直翻舊帳。

妻子其實只是表面上理智地原諒先生，並未真正寬恕他，內心仍有疑慮、憤怒及不安全感。而丈夫回到婚姻，並未與太太重新開始，也未視她為情人，妻子感受不到親密感，卻又不甘心主動去靠近丈夫。這對夫妻有很多心裡話都未說出來，絕對有必要再連袂去接受一次婚姻諮商。

七年之癢

奇怪耶！怎麼會這樣？

結婚七年，丈夫有兩次外遇，都是朋友告訴我的，我不吵不鬧，他又回到我身邊。第二次外遇結束後要求他一起去做婚姻諮商，才知他外遇的原因與他的不快樂沒信心有關。他信誓旦旦說比以前更愛我，因為我對他的婚外情事件處理得很好。

我是真愛他，也不想要婚姻解組，但最近越想越多，我變得很不想讓他親近我，也很難將那兩個女人的影像自腦海中掃除，我現在才感覺痛苦。我們有兩個小孩，但我並不想只是為了孩子而留在婚姻中，不知如何是好？

問題原來在這裡！

當妳自朋友口中獲知先生有外遇，妳是半信半疑，未有現實感，所以不吵不鬧，但當先生在諮商室坦承婚外情，並說出自己的不快樂沒信心時，他已經將自己的議題轉移到妳身上了，妳才開始感到受傷、不甘心與痛苦。先生的外遇行為已經深深影響你們的婚姻，而妳將要做的任何選擇，也都會影響到婚姻，所以要深思熟慮。

妳可以在婚姻中冷靜一段時間，或者回娘家住一陣子，想清楚自己到底要什麼。妳可以停止「理性」看待先生的兩次外遇，面對有問題的婚姻關係，承認自己是脆弱、憤怒且傷心的女人。先整治自己的情緒，再尋求重建婚姻關係。「信任」也是一種選擇，妳可以用「信任」來建立與丈夫的忠誠關係，告訴先生妳想要的，也聽聽他的回應與承諾。

看來先生有誠意回到婚姻中，妳可以給他一個機會，但是他得有所作為，來證明他值得妳信任，這不但關係到行為本身，也讓夫妻彼此感覺到真誠的關懷與愛意，信任感自然而生。經過考驗後的婚姻跟當初是不一樣的，走過風雨後感情可以更堅實，婚姻可以更茁壯，祝福你們！

搶救婚姻大作戰

妻子不吵不鬧，丈夫倦鳥知返，且真心對待妻子，他以為從此就沒事了，但兩次外遇早就在妻子心中留下不可磨滅的陰影，對此丈夫卻無法體會。妻子感到委屈、孤單，因為她老是讓那兩個女人的影像浮現腦海中。最好的方法當然是夫妻對談，丈夫傾訴外遇的心境，並邀請妻子一起來趕走那兩個女人的陰影，讓婚姻重見陽光。

外遇過後的夫妻都怕去碰觸敏感議題，但越不碰觸，心中的死結就會越大，阻礙了夫妻恢復親密。因此兩人可一起去做婚姻諮商，就外遇、受傷、寬恕及恢復性愛等議題，經由婚姻諮商師的引導、介入及調停，雙方談開來，才能以清空的心重新談戀愛。

與他的「情史」和諧共存

奇怪耶！怎麼會這樣？

先生再婚我則初婚，二十年婚姻生活還算美滿。最近他透露曾於前次婚姻時與風情萬種的A女精神外遇，她歷經無數男人，目前住國外。先生居然說若她已離婚且過得不好，要去國外看她，而他因心疼A女，偶爾還主動聯絡。我真想不透，已快六十歲的高知識份子，居然還懷念一個在美國無正業的半風塵女人？

想到先生的無知愚昧和那女人得意的樣子我就很不舒服，先生還說老友敘舊有何不可。後來因我太生氣，他才答應不再連絡，但他仍認為沒錯，是我多心。我好擔心那個女人會再來纏他！

問題原來在這裡！

人年紀大了難免會回首往事，先生前次婚姻不美滿，身心未獲滿足，有機會認識

A女，彼此互相欣賞，有了互動，先生如獲甘霖。但必然有種種因素，阻礙他倆交往更上一層樓，也因如此，在妳先生的生命中既有美好回憶又有未竟事宜，乃在廿幾年後浮上心頭，很想再見那位年輕時曾撫慰他心靈的女人。

其實他也知道此女不適合當妻子，只視她為紅顏知己，是他生命中很特別的一個女性。他後來娶了妳，婚姻生活幸福美滿，妳才是他最親密的伴侶，所以他才向妳吐露多年心事，期望妳有同理心來了解他支持他。妳非但未感同身受，自先生的立場來設想，反而鑽牛角尖，擔心這個女人成為對手，妳的不安全感推開了妳與先生的親密，對此事無共識，各想各的。

傾聽先生的心聲，接納他過去的「情史」，感謝A女曾經撫慰過先生，如此先生必很感動，覺得妳真是體貼的好太太、好情人。大方地告訴他，若他想赴國外看A女，夫妻一起去，既可完成心願又可渡假；倘若A女回國，一定要請她來家裡吃飯，大家認識且敘舊。儘管先生有舊情，但事過境遷，夫妻感情才是真的，請把握現在，享受婚姻，不要吃陳年老醋了，對婚姻並無助益。

搶救婚姻大作戰

結婚廿年感情基礎穩固，夫妻無話不談，而先生年屆花甲，經常回顧過去種種，偶爾會想到紅顏知己A女，很想找人傾訴，身旁的太太原本是最好的傾訴者，沒想到她聽了幾次之後妒火上升，將A女列為情敵，越來越生氣，不准丈夫與其聯絡，丈夫當然也就不敢再提A女，只是內心必定波濤洶湧，暗自思念。其實妻子應該高興，丈夫對她信任，肯將內心對A女的思念與她分享，說出來就會沒事，大可不必擔心。

多年前的人事物，現在已經時過境遷，不論打電話或寫電子郵件聯絡，就是想知道對方近況，絕不會因一通電話就死灰復燃。妻子若能扮演知心好友的角色，願意與丈夫談論A女，好言勸他放下這份思念，心中遙祝她平安健康，丈夫必會得到很大的支持與慰藉，且更愛妻子了。

性生活篇

「性」福自己找

奇怪耶！怎麼會這樣？

我與先生育有一男一女，先生對家庭也十分照顧，看似家庭美滿，但我並不快樂。近幾年來，我們幾乎沒有性生活，最近一次在十個月前。我曾多次探問怎麼了？他不是覺得煩，就說體力不好。後來，我問他是不是病了，他不說話。

我先生才五十歲，我比他小六歲。我問他那我該怎麼辦？他叫我自己培養興趣。別一天到晚亂吵，我覺得很受辱，該怎麼辦？

問題原來在這裡！

五十歲的男人若身體各方面都健康且有定期運動，性能力應是正常。若有慢性病，如糖尿病或心臟病，或者服用某些特殊藥物，則會影響性功能；再者有可能是個人心理或伴侶關係因素，使得他興趣缺缺。妳先生推說煩累，無性慾，顯然是在逃避

行房，至於原因是對妳沒興趣，還是他有勃起功能障礙或早洩情形，這妳就得在他身上找答案了。

妳曾問過他是不是病了，他不說話，有可能是他真的有性功能障礙，也有可能他以沉默來代替欺瞞，讓妳信以為真。不論如何，對於妳的求歡他稱「一天到晚亂吵」，的確很傷人，沒有尊重妳的感覺，完全忽略妳的需求，原本美滿的性生活在結婚多年後居然成了禁忌，不說不談不做，這方面溝通不良也會影響到夫妻日常生活的親密感。

性功能障礙不是病，是一種可治療的症狀，不妨找些文章書籍讓先生閱讀，好言勸他去泌尿科檢查。妳仍要一如往常地對待丈夫，但仔細觀察他行為舉止上有沒有與過去不同，有沒有可疑的地方，是否有外遇跡象。最重要的是想辦法說服他一起去做性諮商，倘若他不肯，則妳自己去找性諮商師談談，可以幫妳把事情看得更清楚，並點出問題協助處理。

搶救婚姻大作戰

很多夫妻在性方面只做不說，且做了不滿意時絕對不說，放在心裡醞釀不滿或起二心，不做則更不會說，但性的一切就成了禁忌，懷疑、猜忌、逃避、不信任、擔心等各種負面情緒逐漸出現在兩人之間，夫妻互動在日常生活中雖照常進行，其實已有危機暗伏。

夫妻平常可學習正向溝通，沒事時就要聊一些與性有關之事，例如親吻時感到好熱烈，稱讚對方是很棒的接吻者，撫摸彼此身體時表達好舒服等等。若感覺性行為不舒服或有問題，則委婉但清楚地提出來談，找出問題一起解決。案例中的丈夫什麼都不說，而太太則說得太直接，一樣會造成難以說出口的衝突。

性的誘惑

奇怪耶！怎麼會這樣？

結婚十幾年，婚姻生活平淡，近五年已無性生活，但我一直想要有性關係，最近在網路認識A君，他表明願意和我上床，但我怕他嫌我老，因為我欺騙他年齡，雖然我看起來年輕，還是沒有勇氣跟他見面。

固然受困於良心道德，但我也有性需求，有時挑動老公，他還是沒反應，A君卻希望跟我盡早見面，我們認識快一年，請問我該怎麼辦？能給我這不守婦道的老女人答案嗎？

問題原來在這裡！

婚姻生活漸趨平淡且近年已無性生活，身心有很大的不滿足，卻不足為外人道，正好網路上有A君願與妳聊天，妳有了抒發情緒尋求慰藉的管道，心理稍為平衡，但也因經常在網路上堆砌文字談天說地，妳對素未謀面的A君有了戀愛的憧憬，在他文字的挑逗之下，已將他想成性愛對象，不知不覺將自己一步一步推往未知的深淵。

A君表明要跟妳上床，跟一個未謀面的女性說這樣的話，到底是情慾還是關心？男女談戀愛通常要熟悉彼此，互相信任，有了感情才會渴望身體接觸，而兩個網友只為了性需求，見面就做愛，其實等於是和陌生人性交，會不會得到快感及滿足都很值得懷疑。就算有，下一步又如何呢？有可能妳成為他的玩伴，或者他不再理妳，甚至以性關係來威脅妳。這已經不是良心道德的問題了，自身安全及家庭幸福更值得顧慮。

挑逗老公，他沒反應，必有原因，若是生理問題，一定要陪他去檢查及醫療；若是因外遇而對妳沒性趣，則開誠佈公談談到底是日常生活還是性生活出了問題。有話說出來，雙方用心聽虛心接受並誠心改進，婚姻關係才能在身心兩方面改善。

搶救婚姻大作戰

「十幾年婚姻生活平淡，近五年已無性生活」，這兩句話已點出問題所在，為什麼婚姻生活平淡？因為夫妻互動少或溝通不良，每天生活一成不變，卻順其自然，未想去改變。互動不良則分享的事物少了，越來越沒話講，不僅沒有甜言蜜語，更缺乏性言性語，嘴巴都很少動了，身體的接觸就更少了。

妻子會向丈夫求歡，表示雙方仍有感情。不論丈夫是有性功能障礙或外遇，他也因不願意傷害妻子而緘默不語，以不變應萬變，其實是逃避，但這只會加深夫妻隔閡；而妻子向外尋求寄託，甚至身體慰藉，則是玩火，傷害婚姻及丈夫，卻便宜了網友，自己也冒著與「熟悉的陌生人」玩性愛遊戲的各種風險，得不償失。

重燃太太的慾火

奇怪耶！怎麼會這樣？

夫妻倆都是五十歲，五年前妻子進入更年期，身體經常不舒服，對許多事情焦慮，對性逐漸失去興趣，現在甚至感到嫌惡。以往的性生活都很不錯，感情也好，且我有性需求，所以她有去找婦產科醫師，服用賀爾蒙，但她依然討厭性，甚至不肯替我口交了。

我已停機三年整，也沒有二念，只想跟她做愛，她越拒絕我就更想要，已經忍耐到極點了。我現在整天想到的就是性，也想向外尋求安慰，我這樣有錯嗎？

問題原來在這裡！

想要而不能得到，挫折感必然很重，而夫妻之間因要與不要的衝突，感情多少受到影響，現在你又有外向之心，婚姻產生嚴重危機。更年期，尤其已到停經期的女性，因生理的改變引發心理的焦慮與困擾，不是光靠賀爾蒙可以處理的，丈夫的同理心、瞭解及陪伴，可以減輕她的擔心及歉疚感，解除其焦慮，增加對愛情的安全感，不知道你做了多少？

一般夫妻的錯誤觀念是，丈夫若有勃起功能障礙，妻子認為是他的問題，與她無關，而妻子無性慾，丈夫也認為是她的問題，該就醫求診的是她，這樣的想法似是而非。性愛是兩個人的事，太太已進入停經期，陰道乾澀，行房會痛，除了塗潤滑液於陰道口及陰道內，陰莖也可以擦一些，而插入之前的前戲要長要慢要溫柔，丈夫的關切、示愛及甜言蜜語更是不可少。

建議你倆去做性諮商，先學習心理上的配合，亦解除妻子的害怕與抗拒，你保證不會讓她痛，只要讓你親近並接觸她的身體，一步一步來，請她信任你並放鬆。然後再學習如何溫柔地性交。除陰道交外，可以口交、手交方式輪替，不僅是她對你，你也可以對她。五十歲的夫妻一樣可以過美好的性生活，只是步調要放慢，並且調整彼此身心。向外尋求慰藉可能會後患無窮，還是將心思與努力放在重燃太太的慾火吧！

女性到了更年期，身心都會感到不適，而每個人更年期症狀的出現至消失，時間長短不同，對更年期的心理調適亦因人而異，婦產科醫師的診斷及開藥固然重要，自己的心理建設加上丈夫的了解、支持與陪伴則更有效。此時她可能容易疲倦，沒胃口、失眠，感到全身不對勁、脾氣不好，當然不會有性趣。丈夫不妨讓她多休息，對她體貼討她歡心，讓她覺得身邊有人瞭解她陪伴她。

此時若先生只因自己性方面無法得到滿足而夜夜要求，當然會得到反效果，太太有被逼迫感，不但會對性厭惡，連帶也會氣先生不體貼，而且老是想著那件事。因此要有這是過渡時期的認知，要有耐心，先把太太的心情照顧好，維持關係中心理層面的親密與互相依賴感，才能恢復身體的親密。

無「性」，行不行？

奇怪耶！怎麼會這樣？

結婚十二年，有個七歲的小孩，與先生的性生活並不協調，兩人常為了這事吵架、冷戰、提出分居或離婚。這一次，這種情形又來了，但比較嚴重的是他認真了，我想為了這事離婚的人應該不多吧，但對他來說「性很重要」。

坦白說，他不煙、不酒、不賭、不嫖，對家庭又有責任，實在是不可多得的男人。但「性」方面我始終沒興趣又恐懼，可能是性愛後疼痛難耐，那種痛沒痛過是很難體會的，看了醫生皆束手無策。若勉強在一起，難保下次不會又為了這種事鬧離婚，我該怎麼辦？

問題原來在這裡！

「性生活不和諧」在國內外婚姻研究中，是婚姻衝突及離婚導因的第五個因素。

很多夫妻離婚當然不光是為了性，還有價值觀不同、個性不合、溝通不良等許多因素。目前妳與丈夫在性價值觀、性生活及衝突解決方面均有很大差異，且沉積已久，夫妻親密感消失，婚姻呈現危機。

男人的性需要是生理性的，結婚當然是跟太太行房，而妳對性越來越沒興趣，他感覺妳在拒絕他，可能還覺得妳不夠愛他，夫妻間因此而有隔閡。但他還是忍不住要求你，妳沒好臉色，他感到受傷，兩人情緒不佳就容易吵起來，已成惡性循環。不知妳看過哪些醫生？照理說有經驗的婦產科醫師應先診斷生理疼痛之因，是陰道乾澀、開刀傷痕、女陰前庭炎或其他生理因素？若以上皆非，則應轉介妳至性諮商師，探討是否由心理因素造成。

聽起來妳是無性慾及性交後疼痛，兩種都是性功能疾患，前者普遍發生於多數女性，後者則發生於少數女性，都應及早看醫生或性治療師，經過一段時間的治療是可以好轉的。如果妳仍愛先生，珍視這個婚姻，不妨與先生敞開心懷討論此事，希望他支持妳陪妳去接受治療。請記住，如果妳不主動做任何改變，婚姻狀況只會每下愈況，也就失去妳寫信來詢問的意義了。

搶救婚姻大作戰

性生活不協調在離婚導因中佔第五位，夫妻性生活不滿意，日常生活互動則不踏實不親密，日常生活互動不良則性生活不可能活潑親密，互為影響，對婚姻不利。本案例的問題在於妻子因性交疼痛而性慾全無，甚至造成性嫌惡，應及早接受治療，若是拖到不得已才去看醫生，剛好又遇到對性身心理方面不甚了解的醫生，結果是看了等於沒看。

剛結婚時妻子必然是忍著疼痛行房，生了小孩之後，就不想再忍了，乾脆拒絕性愛，而丈夫因要求行房被拒而不快，兩個人其實都在忍受，且呈現拉鋸，並未同心認為事關兩人幸（性）福，應力謀改善，原因在於雙方都太缺乏有關性功能障礙的性知識，反而責怪對方，關係惡化至瀕臨離婚。此時，求助性諮商或治療師乃成了當務之急。

先生的A片情結

奇怪耶！怎麼會這樣？

婚前交往時，先生就喜歡閱覽色情雜誌，收集情色照片，我覺得很奇怪，他說女人不會懂男人心理，這是男人的事。婚後他依然故我，我想，男人看A片及情色相片並沒什麼了不起，也就隨他去。

最近，他除了老看A片外，抽屜裡居然裝滿了他新收集的女性圖片，且全是女人在野外、廁所、浴池，甚至在廚房尿尿的畫面。請問他是否心理有毛病，我開始害怕了！

問題原來在這裡！

先生雖然寡人有疾，但必有吸引妳之處，讓妳感覺他是值得愛的人，妳才會和他結婚。就因為妳愛他，即使對他的嗜好感到不對勁，還是被他說服了，聽信其言認為男人看A片及春宮圖並無不妥，這根本就是性別迷思及性迷思。其實不論男女，都可能因青春期對性的好奇及成年後尋求視覺方面的性刺激，而看A片或情色圖片，但應該區分淺嚐即止及淪陷成癮。

由於來信未提及兩人的性生活是否美滿，以及夫妻間的互動是否良好，無法得知先生的行為是否影響婚姻生活，但此人性心理不健全，亦即性觀念、性態度脫離常軌，且性知識不足、性幻想奇怪，他童年期的性教育或性經驗必然很特別，或者很不正常，才會令他對女性的下體產生遐想。至於為何會想看女性在各處小解的相片，只有他自己知道，也許是想像女性達到高潮的陣濕，或者因小解是女性陰部動作的一部份，而不同場景則是提升其刺激感。

如果夫妻能夠展開性溝通，聊聊他自何時開始看A片，感覺如何？收集情色照片的動機與意義又如何？告訴他妳可以接納及難以接納的部份，婉言邀請他一起去找精神科醫師談談，瞭解原因及其性心理，多談些他的性事。必須經過一段時間的治療才能減少看春宮影圖，並收集一些較正常有美感的照片。

青少年期因為對異性產生興趣，對性好奇，很多男孩會私下上色情網站或看A片，這乃過渡期，等到長成大人進入社會做事，人際關係經驗增加，對性的認識與看法因從眾而改變，進入現實感且符合社會規範的常模，即使偶爾觀賞色情影視，也是點綴生活而已。

觀賞並蒐集春宮圖影且樂此不疲，顯示了一種性成癮的症狀，又偏好女性各種小解圖片也呈現異常性癖好，是個人的心理問題，配偶其實不需要害怕。要有現實感，若覺得婚姻仍有可取之處，願意繼續共同生活，則視先生為病人，婉勸他就醫，轉移其注意力，以矯正其病態行為。

孩子的「性」致

奇怪耶！怎麼會這樣？

先生和我來自保守家庭，從來不談性，我們都是將初夜留給對方，非常相愛，也很疼愛獨子小明。小明快滿七歲，馬上要進入小學，我們很擔心他上學後會受到其他小朋友的汙染，對性事好奇，而提出一些奇怪問題。

例如他三歲時曾問過小孩如何生出來，我們引用天主教的說法：如果信徒虔誠祈禱想要一個小孩，聖母瑪利亞就會趁夜晚放一個小孩在門口。我知道這種說法對他已經不適用了，請問該如何教育他在這方面的事呢？

問題原來在這裡！

小嬰兒並非報紙，被放在門口等主人開門出來撿，宗教說法與事實出入太大。所謂教育，是要給孩子正確的知識及恰當的做人處事方式。遮掩事實胡編故事，只是顯出父母的害怕與無知，幸好妳們有自覺，能夠有學習之心，想要把孩子教好。

妳們先不要預設性事是不好的，其實性可以是美好的，也可以是骯髒的，如果父母以正向態度來教導孩子正確觀念，以自然界的法則及情況來教育孩子，也讓孩子有機會問，敢於討論，則會減低其好奇心，有困擾會表達，不會偷偷摸摸去尋找旁門左道的性知識。

因此父母宜多瞭解學校性教育的施行政策及教導方式，配合老師的教導，平行並進，平日以平實、中性、不煽情的詞彙、小孩能懂的話語及內容與之對話。家庭教育不是談幾次話就能完成的，而是日積月累的持續工作。

搶救婚姻大作戰

性是人生發展的一部份，真實存在，不能否認，不能等到要用才教才學。性包括生理與心理層面，兩者息息相關，而最根本的就是灌輸正確的性觀念，建立開放的性態度。小孩從懂事開始就可以接受家庭性教育，從性的解剖學來了解自己的身體及男女生理差異，教導身體自主權、身體及人際界線等，再逐步談到情慾發展、性需求與

性反應、避孕及生產等。

保守的父母要跟上時代，學習性教育，才有能力教導孩子，依其年齡，以其聽得懂的語言逐步教育，與孩子一起成長。

良人是狼人

奇怪耶！怎麼會這樣？

結婚二十五年，先生對我很好，彼此信任、努力打拼，但自從朋友送兩個女兒到我們這裡學英文後，相互信任的枕邊人讓我感覺變得醜陋，我在道德與倫理之間不知怎樣處理這樣的關係。兩個學生和我們一起生活，我每天面對紊亂性生活發生，學生也隱瞞不敢面對並欺騙家長、朋友。

先生要我諒解，為了生活必須這樣做，才有信得過的人幫忙工作。我不知怎樣面對學生家長，時間久了紙包不了火的。而先生要我隱瞞欺騙，我們也是為人父母，如果孩子發生這種事，我怎麼受得了，該怎麼辦呢？

問題原來在這裡！

先生對朋友的兩個女兒做出那種事，就算他對妳再好，也不是好丈夫，是品德敗

壞之人。身為老師，不只是教英文，應在做人處事方面作學生典範，居然貪慾縱色犯下罪行，學生家長可以告他令他被判刑，而妳知情不報助紂為虐，實為共犯，也逃不了干係。這已不是良心問題，根本是犯法。

不論兩個女孩是否已成年，或是否同意發展不正常關係，她們可能懾於老師權威，或初經人事對性覺得好奇刺激，或者因太不懂事而不知所措乃順其自然，而老師食髓知味，不但佔其肉體便宜還要她們幫忙工作，這是性剝削及勞力剝削，摧毀青春女孩的大好前程，還迫使她們欺瞞父母。妳卻因私心而坐視不救，隨著丈夫一錯再錯，除了擔心紙包不住火外，妳的不甘心與哀怨促使妳投書求助。

理想做法是令丈夫立刻停止此行為，向兩位學生道歉，自己願意接受心理輔導，並送兩個女生個別接受心理輔導，且請丈夫去自首，由法院來決定如何善後，但如何保護兩個女生不曝光且能有良好的引導才最重要。

先生此舉也是在傷害婚姻，不論妳是共犯還是證人，面臨婚姻解組的可能性很高，妳內心的創傷甚深，自己也要接受心理輔導。但傷害既已造成，如何將傷害減到最低，就是心理輔導的目的與功能。

有些男性利用地利之便，對家裡的女兒、繼女或寄宿女房客起邪念，進行性侵或誘姦，妻子發現後固然心痛氣憤，但為了保護丈夫維護家庭，大都保持緘默，求息事寧人。說來也可悲，丈夫的性慾高於倫理道德，而妻子的私心高於公平正義，終究都是悲劇。

案例中的丈夫身為英語教師兼老闆及房東，居然是隻色狼，欺負女學生。一個人的過錯會變成社會問題，引發三個家庭的悲劇。丈夫不理會妻子的擔心與勸告，還以為了生活必須這樣做的爛藉口來合理化自己的獸行，為了拯救女學生，為了挽救丈夫，妻子應該要大義滅親，主持正義。

老公，自己解決好嗎？

奇怪耶！怎麼會這樣？

懷孕六個月後就很不想與先生行房，但他仍堅持每星期至少一次，他主動且強而有力，我只好順從。我拜託他不要在體內射精，以免我子宮收縮造成身體不適，他雖說好，高潮時卻是不肯抽去，事後我的子宮真的很不舒服。

我很氣他自私，為了自己舒服不管我的身心感受，與他理論，他卻嗤之以鼻說我是心理作用，做愛只會舒服怎麼會不適。其實我懷孕後的行房都沒有高潮，他都不知道，唉，我們的性生活怎麼會變成這樣？

問題原來在這裡！

既然懷孕前的性生活美滿，就表示妳與先生做愛能配合，有享受美好性生活的能力，而目前的狀況就是夫妻不能配合，且未能培養化解衝突的能力。一方想做，另一方不想，就造成衝突，若不能解決，誤解叢生，關係會生變，想要恢復美滿性生活就很不容易了。

平日互動良好時，好好地告訴先生，懷孕期間子宮收縮真的很不舒服，做完愛如果感覺良好，下次就會更期盼，而現在是非常時期，挺著肚子行房就不是從前的感覺，且要小心翼翼，你已經盡量配合先生，希望他也能體諒妳。

先生的表現是比較顧自己，這是因為他很想做愛，事前，他箭在弦上只想達陣，敷衍說好，事後有如洩了氣的皮球，想要好好休息，妳卻找他理論，他的態度自然不佳。不管日常生活溝通或是性溝通，都要找雙方心情好的時機進行，才能有效果。如果妳真的不想行房，不妨以替代方式為他行之，或者和顏悅色地要求他以自慰取代。

搶救婚姻大作戰

懷孕六個月，肚子已經突出，行動已不若以往輕盈，感覺身體有負擔且易累，性慾降低。除非先生懂得體貼，先讓妻子自心理產生身體相依相合的慾念，經過細膩的愛撫，使其情慾升高，然後再小心翼翼地與妻子調整至她最舒服的姿勢及步調，這樣做愛才有品質有效果。

很多妻子以不自然的呻吟假裝高潮，由於丈夫正在享受射精的快感，未能明察真假。做愛是兩個人的事，一定要顧及雙方的需求及感覺，也要坦承地進行溝通，說出自己的困擾，一起來化解問題，因為幫助對方就是幫助自己。

誰謀殺了她的性慾？

奇怪耶！怎麼會這樣？

A女是我的朋友，結婚已十年，孩子也生了兩個。她最近向我揭露一個秘密，她說結婚以來每次和先生炒飯下體都會痛，好在每個月只有兩三次，她都勉強答應。但她先生近來性慾較旺，一星期要一兩次，她開始拒絕了。

A女很擔心她老公會因此外遇，但她實在不想做，我當然有勸她去看婦產科，她說不好意思為這種事去看醫生，我只好提筆幫她問了，該怎麼辦？

問題原來在這裡！

A女性觀念陳舊，自己忍受性交疼痛十年卻視為性禁忌，其實是拿自己的身體開玩笑。身體的任何部位有持續一段時間的疼痛都應儘早就醫，絕不能因為跟性有關，就覺得不好意思。最不可思議的是，先生無視於她的疼痛，能做就做，不做就算了？

還是先生也跟太太一樣，明知不對勁卻不願也不敢向醫師求助？

性交疼痛是一種性功能障礙，身心因素都有可能。若是生理問題，可開刀或做其他治療；若是心理因素，則轉介給性諮商師或性治療師，透過談話找出原因，克服心理障礙。說起來簡單，卻得經歷一段過程，不僅A女要放開心情接受治療，丈夫也要陪同，全程瞭解，支持勉勵，必要時兩人還得一起練習來祛除懼怕心理。

多年的疼痛殺死了A女的性慾，視性交為畏途，也造成了潛在的婚姻危機，最主要的是夫妻之間沒有親密溝通，亦無親密行為，性對丈夫而言，只是生理性的發洩，而在身心均不滿足的情況下，他有可能會向外發展。因此，夫妻間增加日常生活的緊密性及親熱的小動作，可以為提升情慾做準備。

搶救婚姻大作戰

性交疼痛在女性中最常見的疾患是陰道痙攣，原因可能是先天陰道畸形，或後天手術留下的疤，亦可能是社會心理因素，如過去的性創傷、性禁制令、父親太嚴厲等等。每一個病患得經過婦產科醫師診斷及性諮商師評量後，才能找出真正的原因，加以治療。

非陰道痙攣的性交疼痛，有可能是男性的性器官特殊或畸形，因此有時醫師會要求男性一起接受檢查。總之，夫妻的性生活應該是歡愉的，有一方感到疼痛就表示有問題，沒有必要忍受或拖延，不僅雙方都沒享受到，還會危害婚姻關係。

扭曲的性幻想≠情慾

奇怪耶！怎麼會這樣？

我與先生結婚十幾年，育有三女，一切正常。三年前開始，先生行房時嘴裡都會念念有詞，內容多是要跟岳母或我朋友做愛，形容得很入骨，我聽了受不了，覺得不受尊重又變態，有抗議，但先生越說越有性慾又要我配合說好，他說又沒有真的去做。

我問他要我忍受到什麼時候，我要他做愛時不要說到別的女性，無聲勝有聲？他說若不說就不起勁，請問這是病態嗎？要如何改變？

問題原來在這裡！

雖說先生的改變是在三年前，但在這之前好幾年他可能覺得性生活日趨公式化，感覺不滿足，乃偷偷上網瀏覽色情網站或閱讀情色小說，覺得新鮮刺激，由於原來就沒有正確的性愛感情觀，長期下來，隨遇而安的他，逐漸形成了扭曲的性愛情慾觀，一想到性，五花八門的圖像就在他腦海中上演。

他這種性幻想只能暫時平衡現實生活中對性的不滿足，日子一久，他又覺得不夠刺激了，乃藉與妻子行房時將幻想內容說出來，才有快感及刺激感來提升性慾。他的做法真的只顧自己，沒顧到妳聽在耳裡的感受，沒想到這樣做會殺死妳的情慾。不論是談感情或做愛，雙方應該互相尊重，自己快樂也希望對方開心。丈夫的觀念似乎已將所有女性物化了，也就是說他骨子裡是大男人。

做愛不見得無聲勝有聲，夫妻最重要的是要專注於彼此身上，一邊動作一邊可以表達當時的身體感受及心理渴求，也可以說出對小動作小細節的期望，如手放在哪裡或節奏快慢等，全心投入，先付出而後得到，做愛自然會因心理的緊密與身體的炙熱而歡愉美好。不妨跟丈夫說妳也渴望在行房時能激盪愉悅，但希望妳是他的唯一。為了讓性生活活潑，妳可邀請他一起去做性諮商，兩人在諮商師面前把事情談開來，修正觀念，達到共識。

搶救婚姻大作戰

精神分析學派主張，人為了平衡心理焦慮而使用各種自我防衛機轉，例如否定作用、投射作用或幻想作用等，這在性方面則為性幻想。暫時使用性幻想是正常的，例如看到名模的照片，會想一親芳澤或與之一夜春宵，但想過就算了，回頭來還是與太太親熱。

性幻想說出來沒關係，與伴侶分享反而更好，伴侶互相尊重，也去欣賞對方性幻想的對象並無不妥，反而能增進彼此的瞭解，拉近兩人之間的距離，但夫妻在做愛時丈夫說些有違倫理道德的性幻想對象則太不尊重伴侶了。做愛是兩人之間最親密的隱私，應專注於對方及自己的感受，做些不恰當的幻想，只會讓伴侶性慾全消，做愛變成毫無品質，甚至造成雙方冷戰。

慾女的祈禱

奇怪耶！怎麼會這樣？

我的問題很難啟口，憋了幾年已快受不了，請不要嘲笑我。事情是這樣的，婚前與男友曾經有過幾次陰道高潮，後來因他劈腿而分手。嫁給老公三年來，雖然先生很努力想讓我達到高潮，但往往我還沒熱，他就爆了。

他很體貼，自己洩精後還會應我要求陪我自慰，我可以一夜達到好幾次陰蒂高潮，先生很欣賞我享受的模樣。我想問這種做愛方式正常嗎？陰蒂高潮取代陰道高潮會不會有不好的影響？以及我為什麼無法達到高潮？該看哪一科？

問題原來在這裡！

你與前男友在性行為方面曾有過高潮，而先生「陪」妳自慰妳能獲得高潮，即表示妳有達到高潮的能力，妳並沒有原發性或次發性高潮疾患，問題可能在於先生以及你倆在愛撫及陰道交兩方面的配合。看起來你們感情不錯，高潮不同步，不在關係問題，而是在技術層面，不需要看醫生。除非先生有早洩的問題，才要看泌尿科醫師。

妳說妳還沒熱，先生就爆了，很顯然是前戲時間太短即匆匆進入。有些女性需要較長時間的愛撫，不僅是在重要部位親吻，全身上下都可輕柔碰觸，兩人心裡也要有渴望及激情，先生尤其要有耐性及控制力，投太太所好，讓她全身由內到外逐漸火熱，激發難耐，才能開始陰道交，過程中盡量配合太太的需求。不妨多練習幾次，先抓出妳可以到達高潮的狀況及時間長短，再加以改進。先前不良的性愛模式已三年，現在得花一點時間來建立新的互動模式。以替代方案來達到高潮也是性愛的方式，如口交及手交均為正常，可輪流使用。

搶救婚姻大作戰

女性在自慰時若能獲得高潮，就能在陰道交時達到高潮，除非是有伴侶關係問題（心理層面）或伴侶有早發性射精現象（生理或心理因素），或者前戲不足（技術層面）。曾經有過高潮經驗的女性在婚姻關係中無法享受高潮，必定既挫折又沮喪。

案例中的先生也希望太太能享受高潮，自己完事後因太太要求而陪她自慰，其實他至少應該「幫」她手交，或者對妻子口交，這樣才感覺到兩人一起做愛。若先生很快就射精，太太根本來不及到高潮的次數很頻繁，可先以替代性性行為來滿足對方，但先生最好趕快去看泌尿科醫生，以瞭解是生理還是心理方面的成因。

上帝，精神與肉體我都需要！

奇怪耶！怎麼會這樣？

妻子是教徒，床裡床外保守到不行。兩年前我出差時邂逅了A女，享受美好性愛熱情，因妻子抓姦而斷絕婚外情。妻子雖原諒我，但不再讓我碰她，老是說我髒。可是躺在床上我常忍不住求歡，她會冷嘲熱諷，我忍受箭在弦上的痛苦也會反唇相譏。

我覺得妻子是偽善的基督徒，她有什麼權利定我罪？目前夫妻關係僅靠兩個小孩在維持，我想要有外遇，更想要離婚，但想到孩子我就不忍心。曾邀請她一起去諮商遭拒絕，怎麼辦呢？

問題原來在這裡！

妻子當初因為愛你而嫁給非教徒，自小到大的性觀念保守，身為她最親密的人，你早該與她多談性說愛，引導她放開自己，體驗身體的感受並享受性愛。華人的性生活大多只做不說，還各想各的，很難有精神肉體契合的境界。妻子以為順從你的求歡即是盡責任，而你卻是身心皆不滿足，但她卻從來不知曉。

她的婚姻觀亦保守，有了外遇即有汙點，雖說是寬恕，自己卻鑽牛角尖，其實她何嘗不想與你親熱，只是她受傷了，防衛心高築，而且她根本不知道要如何將內心的熱情與渴望表達出來。因此你不能以為回頭了就沒事，她非常需要你的幫忙，她不是偽善，她只是覺得自己又沒做錯事，為什麼要受這些苦。其實她完全未覺察自己也需要改變，必須與你多溝通多談心，兩人有共識一起努力，婚姻關係才能改善，性生活才有希望。

你可以自己先找婚姻諮商師談談，學習如何與妻子展開日常生活溝通，如何表達你對她及孩子的愛，並主動談起自己的外遇，請求她藉上帝的力量來原諒你接納你。用她宗教的言語與她談，她比較聽得進去；另外，也許可以找她教區的牧師幫忙做婚姻協談，她比較不會抗拒。總之你可以先做些努力讓她看見。

搶救婚姻大作戰

婚外情被發現後選擇回到婚姻裡，夫妻倆就得重新來過，把對方當成一個新認識的異性，從朋友做起，然後談情說愛，再慢慢進入性愛，而不是有外遇的一方帶罪回家，要妻子一筆勾銷前科，而受傷的一方卻以自己是聖人對方是罪人的不平等關係相待。整個婚姻都變質了，比原來外遇之前的婚姻品質更差，且危機四伏。

夫妻兩人都有責任來重建婚姻關係，妻子絕對不能我行我素，依然保守，得重新認識性，解放自己，而丈夫也得引導太太去認識親密的意義與本職，讓她瞭解世界上與自己最親密的人，應該就是同床共枕同甘共苦的配偶，不論是肉體或精神之愛都應契合。

打破冰山說好話

奇怪耶！怎麼會這樣？

姊姊結婚十年才得子，疼愛萬分，但因早產生子，孩子有學習障礙，帶著虧欠心情，姊姊對他呵護有加，但夫妻倆常因教養方式不同而起衝突，自小孩幼稚園至小學階段，夫妻自性生活活潑降至少有性行為。

半年前她無意中發現丈夫與兒子學校同學的家長A女有曖昧關係，傷心欲絕，也覺察自己疏忽了先生的性需求，乃主動示好。丈夫竟然不願意，還常藉故睡客房，她為了挽回婚姻及顧及丈夫面子，未告知婆婆及任何人，只是常向我泣訴，又不肯接受諮商，請問我該如何幫助她？

問題原來在這裡！

冰凍三尺非一日之寒，夫妻因教養方式差異而衝突迭起，可能互不相讓互相指責，其實夫妻最怕就是得理不饒人，吵架吵久了感情都吵淡了，自然不會想親近對方。再加上丈夫對太太有怨氣，氣她太專注小孩而忽略先生，因此當他有了婚外情，身心暫時獲得滿足之後，就不肯接近妻子，雙方為了孩子才同處一屋，婚姻關係名存實亡，是很嚴重的危機。

妳姊姊仍愛先生，不希望婚姻解組，因此忍氣吞聲，但什麼也不做，情況只有越來越糟，光是向妳泣訴，只是暫時發洩情緒，於事無補還增加妳的焦慮及心理負擔。若想幫助她則要給她當頭棒喝，提醒她，婚姻問題的前半部夫妻倆都要負責，而婚姻走到如此，她若不先做些努力，後半部的問題則是她自己造成的。外遇只是一個導火線，讓雙方都看到問題的嚴重性。女方光是主動求歡是不夠的，還要從日常生活的互動關係做起。

既然兩人都疼愛孩子，姊姊可以藉教養孩子來請教先生，對話間有意無意流露歉意及悔意，並強調孩子與丈夫對她同等重要，她要學會說話及感情表達技巧，要有勇氣與先生溝通，先要破冰打開溝通管道，才能消除誤解與怨氣，夫妻關係才能重建，丈夫感到被重視被需要，才有可能回頭。因此妳得堅持要姊姊去找婚姻諮商專家學習溝通。

搶救婚姻大作戰

夫妻因孩子教養方式不同而常起衝突，就顯示來自不同家庭男女價值觀的差異及個性上的不相容。兩人個性都強，不肯讓步，妻子過多關心有學習障礙的孩子，丈夫屢勸不聽，也覺得自己被忽視冷落。也許是向A女詢問孩子的教養方式，話講多了就混熟了，可能向A女訴苦，對方給予溫暖支持，才逐漸發展成曖昧關係。

案例中的妻子以為丈夫因為沒有性生活才向外發展，為了挽回婚姻，她立刻主動示好。當夫妻親密感已降至零，而先生與A女又正火熱時，家裡的性是無法吸引先生回頭的。他的心中還有好多委屈及怒氣，這位妻子的方法不正確且太急，又不肯找人談，反而會使婚姻惡化，因此建議她趕快去找婚姻諮商師談談。

性慾天生，性愛需要學習

奇怪耶！怎麼會這樣？

結婚三年多，與先生的性生活很不協調。結婚後尚未圓房，我和先生婚前均未有過性行為，我們陸續有到醫院做過診斷及諮詢，醫生也檢查過，我先生的生理狀況並無問題，也有開威而剛之類的藥物，但先生就是信心不夠。如何找尋適合的性諮詢師？

問題原來在這裡！

結婚三年未有性行為，而兩人似乎是有性慾，並非不想要，的確是令人擔心。性的問題相當複雜，通常可分為性慾、性激發、性高潮及性疼痛四大類性功能障礙或疾患。泌尿科醫師說妳先生沒問題，大概指的是勃起功能正常，但為了要提升他的信心，乃開威而剛給他使用，只是威而剛並非春藥，吃了會很想做或立刻勃起且能力變強。有性慾的男士服用之後，雙方要有情慾並互相愛撫，則男性會自然勃起而發揮功能。

你倆對自己的性生理、性心理及性行為常識不足，過分依賴醫師。建議妳陪先生一起去看泌尿科，他陪妳一起去看婦產科，將各種「症狀」（意即親熱到幾乎行房的感覺、想法及行為）告訴醫師，檢查之後若兩人生理方面完全正常，則請醫生轉介至性諮商或治療處，因為比較可能是先生的心理因素造成，不深入晤談瞭解對症治療，此情況難以改進。

夫妻的性是兩人的事，妳倆一起去做性諮商才恰當。除了瞭解先生的原因加以治療外，妳與他一起學習性知識練習性技巧也是很重要的。許多教學醫院均有性治療門診，或轉介給性諮商師從事社會心理治療。

搶救婚姻大作戰

婚後三年多未能成功行房，醫生說生理沒問題，服了威而剛也未見改善，顯然是心理因素或社會心理因素造成，一般而言，有幾個常見的可能原因：1.夫妻皆缺乏性知識，對自己的身體及人類的性反應不瞭解；2.丈夫可能有錯誤的性觀念，導致自己缺乏信心；3.夫妻缺乏性溝通。

性慾是天生的，享受性愛則需要學習。缺乏性教育且沒有性經驗的伴侶們，千萬不能自A片或A書中學習性愛，許多男性會因A片內容誤導而對自己的表現有太高期望，女性也會對自己的身材感到自卑。台灣目前有一些婦產科、泌尿科、精神科醫師以及諮商心理師，有性治療及性諮商的訓練，尋求協助時一定要找有證照的正規專業人員教導。

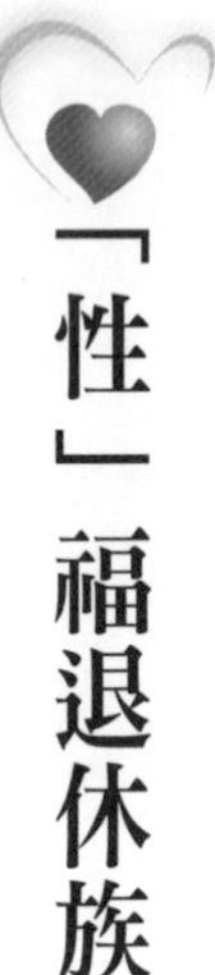

「性」福退休族

奇怪耶！怎麼會這樣？

我是退休一族，雖年事已高，夫妻房事照常進行。我患有糖尿病已十五年，因控制得宜，每次檢查血糖值均正常。但是約半年前，我們前戲過後我如常興奮勃起，正要插入時卻軟下來，不足以進入妻子陰道，很有挫折感。

不知是健康出了問題或是房事過多（大概每兩週一次），或是營養不足？太太身體很好，對性有需求，請問要如何醫治我的狀況？

問題原來在這裡！

夫妻有親密感注重身體健康，也享受性生活，可說是快樂的退休族。血糖值正常，表示你控制得宜，但糖尿病不但會影響內分泌，也會影響血管功能，然後再影響勃起功能。你已有十五年糖尿病史，目前的狀況比較像是直接與糖尿病有關的慢性進

展勃起功能障礙，為了慎重起見，也為了自己的健康，你可先至泌尿科請醫生檢測睪固酮值及診斷。

陰莖勃起程度由硬轉軟，只要有六〇%的硬度仍可藉由手的幫助插入，受到陰道內壁的緊包及溫度刺激，也有可能恢復一些硬度，這當然與各人狀況及伴侶雙方配合程度有關。另外，不知妻子是否已進入更年期較少分泌潤滑液，以致於插入更形困難？而年紀大的男性也比年輕男性勃起硬度差些，但早發性射精的情況卻較少見，有利有弊，不必有挫折感。

醫師若診斷為生理因素，他會教你如何接受治療。若他懷疑是心理社會因素，則會轉介你至性諮商或治療師處檢視你心理及勃起的連結脈絡。在治療期間，夫妻若有性需求，不妨以替代方式進行，如口交、互相自慰或以震盪器行之，只要雙方專注於感受，仍因有慾望及親密感而能達到高潮與滿足。

搶救婚姻大作戰

十五年的糖尿病控制得宜，整體而言身體狀況應還不錯，並非該君所猜測「健康出了問題」，而年長者每兩週行房一次還算合宜，非「房事過多」。他必須由內分泌科及泌尿科醫生診斷，以確定是否因糖尿病而造成慢性進展勃起功能障礙，妻子亦可至婦產科醫師處處理更年期症狀。

最怕的就是因為生理因素影響了心理因素，成天擔心自己不能勃起，一旦勃起後又擔心很快會軟掉，越擔心就越自我挫敗，產生操作焦慮，倘若不從心理建設做起，空有醫生的建言及醫療也是事倍功半。因此要放寬心情，互相支持，視為暫時功能不良，先以其他替代方式進行，以享受親密為主，而非追求表現成功。

再婚篇

尋親記

奇怪耶！怎麼會這樣？

我三十歲時離婚，三年後帶著女兒嫁給現任丈夫，又生了兒子，一家四口樂融融，現在過了七年，女兒已十四歲，吵著要見生父。我一想到那個男人就有氣，雖然失聯十年，要找他還是找得到，只是我為什麼要讓他見到我辛苦養大的女兒呢？

現任丈夫視女兒如己出，也能體諒她想見生父的心情，總是安慰她要有耐心，總有一天父女會相逢，但他並沒有催我去找前夫，請問若順女兒意，我的婚姻會受到影響嗎？

問題原來在這裡！

女兒自嬰兒期就跟妳過單親家庭生活，妳再婚後因夫妻感情好，繼父對她也好，所以她能很快適應新的雙親家庭生活，但並不表示她可以忘掉她的親生父親。雖然她

對生父沒什麼印象，但父女天性，她一定會有孺慕之情的。你們母女在這方面的差異是：妳恨不得抹殺前夫在妳生命中的記憶，而女兒則是想要盡量捕捉模糊的回憶，創造父女相逢的未來生活，所以請妳自女兒的角度來為她設想。

妳的先生聽起來體貼且明理，他可以同理女兒的情緒，盡量安撫她，但因為要不要與前夫聯繫是妳的事，他不好插手。要妳去找他，當然不是丈夫所願，不要妳去聯絡前夫，又對不起女兒，所以妳得自己決定。無論如何，妳都得先跟先生討論，分享想法及感覺以達到共識，這是為了女兒，她有權利去認生父，她要的只是親情的交流，事隔多年畢竟只生沒養，她絕不會因生父而離開妳。

妳聯絡前夫只是為了女兒，並非要續前緣，當然不會影響夫妻感情，倒是女兒要多與她溝通，讓她有心理準備多貼近現實面。多年未見，一旦與生父見面是好是壞很難說，父親可能因生疏不會表達，應以平常心期待，而不是憧憬戲劇化的場面。重要的是父母有幫她實現願望，真正愛她的是現在家庭的父母。

十四歲的青少女對生父好奇，對父女之情憧憬。失聯十年後，父女再見面的確是個風險，擔心女兒對生父的期盼太高，得到的卻是落空與失望，或者會有一段蜜月期，過後卻是哀怨與不堪。因此生父母若能先見面，心平氣和地針對父女相認一事溝通協調，會有益於建立父女關係。

前妻若能看在女兒的面上原諒前夫，為了女兒的福祉，願意有生父生母的連結，僅此而已，則行之坦蕩蕩，現在先生能瞭解與接受，女兒也會開心與寬心。

前妻曖昧的卡片

奇怪耶！怎麼會這樣？

我三十三歲時嫁給大兩歲的A君，他離婚是因為前妻與初戀男友舊情復燃，好在沒小孩。我們現在有個可愛的女兒，一家三口幸福快樂，三年來，先生與前妻並無聯絡。上個月丈夫好友的父親過世，他乃連絡前妻告知喪葬日期，因老伯生前疼她。

前夫前妻在葬禮上見面小聊了一下。一星期後我老公收到一封手繪的淺紫色卡片，說他永遠在她心中某處，畢竟夫妻一場，雙方還是可以成為好朋友的。我很生氣，寫了一封信警告她，此種卡片及說法均不恰當，下不為例。丈夫要我不要寄出，等過幾天氣消了再決定要不要寄。我真氣不過，請問該怎麼辦？

問題原來在這裡！

人在生氣時做事會很衝動，妳先生很聰明也很冷靜，他並未反對妳寫信寄信，只是要妳放幾天再寄。一方面要妳勿遷怒於他，一方面讓妳好好想想，妳自己的婚姻美滿家庭幸福，跟一個他已經不愛的女人生氣是否值得。如果妳瞭解丈夫的苦心，就該接受他的忠告。

對於前妻來信，妳是因嫉妒而生氣，然而對方要怎麼想是她的事，妳也無法控制，只要妳先生不主動也不回應，妳根本就不用擔心。如果妳真的把信寄出去了，就顯出妳缺乏安全感與自信心，看起來很像兩個女人在爭寵，不但引起前妻的好奇心，也正中她試探前夫的計策。而且如果她也寫一封信罵妳，不是自取其辱嗎？

因此妳按兵不動、丈夫置之不理是上策。如果她再寫信或打電話給妳先生，他就得不假辭色請她好好過自己的生活，不要來騷擾你們的生活。妳不用捲入他倆之間，何況信是寄給妳先生的，既然妳先生愛的是妳，你們的生活就不應受到一封信的影響。

搶救婚姻大作戰

再婚夫妻對於另一半的前妻或前夫都很敏感，尤其如果牽涉到前次婚姻的孩子。

一般離婚夫妻都為了孩子的福祉而聯繫或見面，但若有一方再婚，另一方為二度單身，單身的一方有時會覺得不是滋味，而再婚的配偶也會對另一半的前妻/前夫有所擔心或醋意。案例中的妻子就因為丈夫前妻的手繪卡片而感覺沒有安全感，憤怒之餘寫了一封警告她的信。

其實她寫這封信是好事，將想法表達出來，發洩心中的猜疑及怒氣，只要她聽丈夫的話，先不要衝動寄出。見面三分情，前妻與前夫在追思場合見面，那種氣氛可能令前妻感嘆人生無常，憶起從前夫妻情份，回家後寄卡片示好，對此丈夫也可禮尚往來，在太太面前公開給予祝福做適當回應，以解除太太的擔心。

熟女初戀記

奇怪耶！怎麼會這樣？

我是晚熟個性不獨立的四十歲女性，經二姊介紹認識了年齡相當的A君，出遊幾次後向我坦白他離婚但沒有小孩，問我願意繼續交往嗎？當下我有點愣住，表示擔心他會和前妻藕斷絲連，對方表示那都結束了。

我兩個姊姊婚姻並不順利，所以對A君的離婚有另一番見解。昨日我表示我仍與A君交往中，二姊只說自己要看著辦，要對自己負責，她不贊成等之類的話。我真的很矛盾，一怕自己臨老孤單，但二姊對於他在介紹前隱瞞離婚一事耿耿於懷，我應該怎麼解決這難題呢？

問題原來在這裡！

A君與妳二姊溝通不良引起誤會，他可能認為不需向介紹人道出許多細節，只想

有個機會認識女孩，如果見面雙方都有意思，他才會坦承離過婚。而在幾次出遊後他對妳有好感，願意繼續交往，才說出過去，並徵求妳同意。他的做法並無不妥，是妳二姊身兼多重角色，父母心態高過介紹人的性質，生怕妳嫁給不老實的人會被騙，這是愛心。

與A君交往不能以結婚為目標，因為妳已四十歲，個性晚熟不獨立，不能婚前靠姊姊婚後靠丈夫，該是妳獨立自主的時候了。繼續與A君交往，藉雙方互動多瞭解A君的個性、成長史、價值觀及他對前次婚姻的省思，同時也要檢視自己的價值觀、人生目標與需求。妳得不斷觀察及體驗彼此的合適性及相容性，然後再討論雙方對婚姻的期待。如果一切都是正向，則表示兩人已準備好進入婚姻。

兩個姊姊婚姻不美滿，乃將期望寄託在妳的婚姻上，對妳關心有加，甚至有強烈干涉的態度，因此妳更要對自己的終身大事慎重。最好盡快帶A君與二姊見面，向她道歉，說明當初未坦承的作法，先讓她釋懷，以後也讓姊姊們參與妳與A君的互動，她們的話不能全聽，但參考她們的意見對妳還是有幫助的。

既然知道自己個性晚熟不獨立，就應努力改善此狀況，四十歲的人邁向自我成長並不嫌遲。所謂自我成長包括自我了解與人際關係兩大部分，瞭解並接納自己的優缺點，設法改進，並走出過去的自我設限，步入社會與人群接觸。不論是社區服務、公益活動或其他社交機會，多與人互動，學習人際技巧，累積交友經驗，這才是交男友的準備。

A君是否離婚並不重要，重要的是男女雙方對婚姻的期盼為何，是否相近。不能因為自己四十歲，怕老來沒伴就急著想嫁，與A君交往也是才開始，仍停留在朋友階段。能當朋友的對象不一定就能當丈夫，當事人自己得多觀察多體會多交往多溝通，自己要清楚要的是什麼。因此寧可多花時間交往，並誠實告訴姊姊自己的感覺，不必完全聽她的，但可以做參考。

重建美味關係

奇怪耶！怎麼會這樣？

第一次婚姻只維持了一年，婆婆要我學煮江浙菜，傳承後代，我從未下過廚也不想學做菜，她認為我反抗，我希望丈夫幫我說話，他反而說我不肯融入他家，在婆家住得很不舒服，抑鬱而流產，終於離婚，脫離惡夢，三年不敢交男友。

如今與A君熱戀，他喜歡下廚，我在旁幫忙即可，他母親有自己的事業很忙，偶爾三個人在A君家吃飯或外去用餐，氣氛融洽，雖然A君一再保證婆媳不住一屋，且他媽很開朗，我還是好怕進入婚姻。

問題原來在這裡！

每個人有自己的專長與喜好，妳若不喜歡下廚，婚前就得與先生溝通，講明了不做大菜，但是普通食物總得學做幾樣，總不能餐餐均靠丈夫或外食。夫妻可以商量分工合作，就如你說，A君做菜時妳幫忙切菜及洗碗，或者他包廚房事務，而妳負責家中清潔整理，這就是婚姻契約中的勞務區分，只要兩人有默契，家中整齊乾淨又有美食吃，幸福感快樂情自然洋溢於生活中。

前次婚姻中的丈夫及婆婆較為傳統，認定媳婦就是要重蹈婆婆走過的路，而妳剛嫁過去，急著適應婆家生活，乃勉強自己走進廚房，心理上未準備好，私房菜又得靠經驗，所以菜鳥的表現一定令大家不滿意。他們也看得出妳並不用心，對新媳婦的期待落空，由失望轉責怪。他們不瞭解妳，而妳只是逃避，並不想被瞭解，讓他們看到其實妳也有其他長處。

過去的已經過去了，A君與前夫不是同一人，他母親也不是傳統的婆婆，這是一份新的戀情與溝通過後的發展，妳要對自己有自信，願意與A君在婚姻中一起學習生活，伴隨彼此成長，只要兩人溝通好，感情好，就是婆婆最大的欣慰了，不需要擔心太多，祝福妳！

離婚雖然脫離惡夢，卻也是不小打擊，因此有一朝被蛇咬十年怕草繩的心理，即使交了一個喜歡煮菜的男友，女方心裡還是怕怕。一方面有自卑感，一方面對烹飪實在沒興趣，會擔心是很自然的。

有擔心就要解決，煮飯做菜本來就是一個人生存的基本技巧，最起碼的蛋炒飯、番茄炒蛋等也要做得可以入口。結婚以後夫妻一起生活，當然也要互相支援，包含食衣住行各方面，因此，女方可以改變心態，學習做一些簡單的菜，並不是要取悅男友或他母親，而是增加自己的技能，男友看了也高興，至少女友肯學肯改進，婚後還是可以分工合作，有人煮飯、有人洗衣服及打掃，才能相安無事。

享受多一份母愛

奇怪耶！怎麼會這樣？

離婚後孩子與我住，與前夫因為孩子的關係保持良好友誼，他有一同居六年的女友小美，人很好，也對我兩個女兒很關心，經常送禮物給她們。去年老大考上研究所，她還請她去做芳香療浴，今年運用她的工作關係讓老二去某公司實習。

雖然我很想與她維持良好關係，但我對於她過份照顧女兒的舉止越來越不舒服。

請問是我不講理嗎？我是否該針對此事與前夫談談？

問題原來在這裡！

聽起來妳與前夫是健康的離婚男女，彼此尊重各人的生活，女兒兩邊感受親情。前夫的女友因愛屋及烏而善待孩子，女兒也因她的真誠而逐漸與之有良好的互動，接納阿姨是爸爸女友的地位。雖然妳感到小美似乎在介入妳的親子之情，心裡缺乏安全

感也很不舒服。其實這並不會影響妳的親情，妳永遠是孩子的媽，這是永遠不能改變的事實及感覺。

就因為妳與孩子的安全親子關係，包括與前夫的和平相處，她們才會沒有顧慮地接納小美阿姨對她們好，也因感受到她對父親的真愛，她們才肯心服口服地與她互動，也願意接受她的協助。這一切要歸功於妳與前夫的健康友誼以及妳成功的教育，女兒才會這麼懂事又討人喜歡。

妳的感覺及孩子的感覺應該是不會錯的，小美的確是個好女人，她沒有理由也不需要以侵略的方式來奪取妳對孩子的愛，妳真的不需要太擔心，何況女兒們都已成年，也有明辨是非善惡的能力，因此不妨維持現狀，讓孩子們享受對她們有益無害的新家庭關係。

搶救婚姻大作戰

離婚夫妻能丟掉過去的情緒包袱，保持朋友關係真的不容易，而前夫的同居女友因愛屋及烏，善待他的兩個女兒，也是難得。這位女友秉性善良且具母性，喜歡孩子，前夫的運氣不錯，女兒及前妻也間接蒙受其惠。

當然，兩個女兒善解人意討大人歡心也是原因，這當然是母親教導有方，而父親也接納母親教導的方式。也許前夫認為自己女友有如繼母，疼愛女兒也是天經地義，沒想到前妻只視她為前夫的女朋友，沒料到她也扮演母親的角色，這個部分前夫前妻可以經溝通後化解擔心的。

女兒的「生父」心結

奇怪耶！怎麼會這樣？

小美三歲時生父遺棄同居母女，五歲時我成了她的繼父，視她如己出，疼愛有加，我們家庭關係緊密，她和差六歲的弟弟感情亦佳，眼看她今年大學畢業踏入社會，我很欣慰。

無奈她生父自年初就寫e-mail及打電話來要與女兒相認，廿年來未連絡，我太太不予理會，小美的反應更強烈，還很生氣。我勸她與生父見面，只要保持淡如水的關係就好，她居然叫我別管這事。我好傷心，我純粹是為她著想啊！

問題原來在這裡！

太太似乎想與前男友一輩子斷得乾乾淨淨，她可能自小就影響了女兒，說她父親不負責任，虧待母女，所以她們的生命中只有你這位父親，平靜的生活不想被陌生人打擾，因此母女立場一致，不願與生父相認。此外，女兒已成年，她有權利選擇哪些人值得在她生活中出現與存在，至少她目前是做這樣的選擇。

你是一片好心，總覺得父女相認，這輩子才不會有遺憾，但那是你的心願，不是女兒現在想要的，至少她目前還沒準備好與生父重新連結。她必須要先解除仇恨，原諒父親，從新的角度來看現在年紀已大的生父。也許有一天她會瞭解到生活中有許多必須面對的荊棘，而人們也不是她所期望的那麼完美，這畢竟是成長與成熟的部份歷程，當她更成熟時想法會改變的。

母親其實不應該將其價值觀加諸於女兒，她的角色是協助女兒做她自己的決定，這部份不妨與太太好好溝通。而慈愛的繼父唯一能做的，則是分析各種情況給小美聽，鼓勵她想清楚所有她能選擇的後果，並向她保證無論如何都會支持她。目前她還很抗拒「生父」這個名詞及這個人，也許過幾年後就可以面對了。

搶救婚姻大作戰

現代人的真實生活與電影裡的情節越來越像，夫妻離婚後一方音訊全無或再婚不聞不問，單親與子女相依為命時總會埋怨消失的一方，孩子聽多了責怪，當然對沒有生活在一起的父（母）印象不良，但內心深處又渴望能像同儕一樣父母親都在身邊，非常矛盾，通常都是帶著遺憾長大。也許到了人生某一階段會有機會和解，進而發展親情，或者就是抱憾終生。

成年子女可以自己選擇是否要與父親相認，母親的態度最能影響子女，應保持中立，但該為子女的需求著想。而繼父視繼女為己出，又關心她與生父之情，真是好父親有真愛，但不能給她壓力，只能從旁傾聽心聲，在有困擾時給予支持、陪伴及鼓勵。

雙軌教育約法三章

奇怪耶！怎麼會這樣？

認識先生時我們都剛離婚，我沒小孩，他帶著小明。如今我們結婚半年，感情很好，只是小明之事困擾著我。六歲的他平日上幼稚園，還滿乖的，但有時週末或假日去他生母處住，她與同居人在夜總會上班，生活作息紊亂，也不知如何教育小孩，小明回家後總是脾氣大，說話粗魯，而且猛吃帶回來的糖果、巧克力，很難管教。

小明生日快到了，他生母在當天替他舉辦生日宴，娘家人參與，因此先生說次日我們再邀請鄰居小朋友來家裡過生日。一個六歲孩子過生日值得如此盛大嗎？

問題原來在這裡！

六歲孩子的生日慶祝會簡單隆重有趣味即可，讓他感到溫暖、被尊重，並學習社交與客人相處，而不是大人們藉著他生日來聚會熱鬧。小明的生母大概想彌補對孩子的虧欠，也想向家人炫耀她有一個可愛的兒子，看在這是孩子與母親家人相處的機會，就讓她去辦吧。當然妳與先生還是得在家裡辦個小型慶生會，邀請幾位小朋友來切蛋糕、喝果汁，告訴小明他又長一歲了，可以學習很多的事情。

慶祝生日事小，教育小孩事大。聽起來妳對小明生母語多不滿，也連帶對小明傷腦筋，妳對六歲小孩的要求似乎高了些。通常父母離異，兩邊遊走居住的小孩，自一方家回到他居住的另一方家時，多少會出現一些外化的行為，因此不妨設身處地為他著想，生母只想看他卻不能好好照顧他，亂買東西來寵他，想吃什麼就讓他吃，小孩當時也許很開心，但他也感覺到生活被打亂，因此每次從生母家回來，因感到壓力，所以言行就走樣了。

小明的父親是關鍵人物，他得與前妻多溝通，確定她所提供的居住環境與生活方式是穩定且對小明有益的，至少要約法三章，讓雙方對教養方式及探視原則有共識且願互相支援。妳除了從旁支持丈夫，也得經常與丈夫討論一致的教育態度與方式。生母既無法提供正常的教養，身為小明的父母，妳們夫妻，尤其是妳，就應給他所該獲得的親情與教育。

家人替六歲小孩慶生，與親戚相處，讓他感覺家庭溫暖，當然很好，但不必盛大奢侈，在家裡煮幾個菜吃蛋糕就可以了。而邀請同學或鄰居小朋友來家裡參加生日派對，讓小孩練習社交生活，大人只是從旁協助，也是個好主意，兩者皆可行。

小孩既然兩邊住，離婚夫妻就得經常通電話，瞭解孩子在對方家裡的表現，若出現異常或在兩邊的行為表現落差太大，父母就得討論，找出問題對症下藥。父母親雖不住在一起，但對孩子的態度及教育方式應是一致的。因此為了孩子的教育，離婚夫妻定期溝通是必要的。當然，各人的新配偶也可一起參加。

愛屋及烏

奇怪耶！怎麼會這樣？

認識A君兩年才結婚，他在前次婚姻有個兒子，我們相處極佳。結婚兩年來，我視他為己出，盡量給他一個溫暖、穩定、有愛心的家庭環境。因我已三十五歲，不想再生小孩了，而先生也在最近做了結紮手術。

每次我說繼子是我的小孩，週遭的人都笑我，說與親生的絕對不一樣，且說我以後必會改變主意的。我感覺很受傷，但都一笑置之。我可不可以直截了當地回應人們，我不想多說有關自己家庭之事，這樣會不會太無禮？這些人也都是用意至善的朋友啊！

問題原來在這裡！

孩子需要一個完整的家，何況人是互相的，一個有愛心肯付出的繼母很容易被純真的孩子所接納。你們母子可能有緣，在妳婚前兩人就相處極佳，婚後夫妻又共同決定，一個孩子就夠了，所以你們一家三口過著快樂的生活。朋友們的好奇與關心給妳帶來莫大的困擾，還有受傷的感覺，那是妳太在意別人的說辭了，正如妳來函所說，這是「自家的事」，何必去管他人七嘴八舌？

妳要不要生小孩與疼不疼愛繼子無關，既然要結婚，愛屋及烏，妳自然會疼繼子，給他添弟妹也不是壞事，反正都是一家人，都是父母的寶貝。現在是因妳自己不想生小孩，不是怕生小孩後會對兩個孩子有差別待遇，也不是丈夫怕妳這樣做才去結紮，這是夫妻一致的決定，跟別人的傳統想法、刻版印象一點關係也沒有，何必感到受傷呢？

每次都要接收朋友的好言相勸且勉強自己一笑置之，就不是在做妳自己了，心裡必定不舒服。因此下次再遇到這種情形，不妨以溫和有禮的口氣回應，「你把你的想法跟感覺都說得很清楚了，但我的決定是經過深思熟慮的，謝謝你的關心！」

交往兩年才結婚，想必婚前就與丈夫的兒子關係不錯，已被接納，婚後才能建立親情，這是互相的，繼母肯真心付出，小孩也懂事，一家三口自然樂融融。夫妻雙方既已決定將父母之愛專注於獨子身上，妻子也不想生孩子，願意將繼子視如己出，讓先生去結紮，這是非常了不起的決定。

一般人對於再婚家庭會有一些疑問，想要找出答案，這是出於人性的好奇，再加上有些再婚家庭的確會產生不愉快。事實上，每個家庭不論初婚再婚，都有自己的問題，不足為外人道，現在連這個沒有「問題」的再婚家庭，也因周遭人的「關切」而覺得困擾，這位太太真的不必覺得受傷，大可做自己，別人要怎麼想，隨它去！

期待梅花二度開

奇怪耶！怎麼會這樣？

丈夫車禍過世一年多，我不忍心見公婆白髮人送黑髮人傷心欲絕，帶五歲女兒搬去與他們同住，安慰及陪伴他們。大姑小姑們經常回來探視，我當然愛亡夫，但我才卅二歲，有親密關係及個人私密的需求，也不想再與公婆同住，打算搬出來組單親家庭，公婆當然不答應，姑姑們力勸我留下。

公公還問我是否交男友，我與初戀男友復合了，有必要稟告公婆嗎？我爸經常催我再婚，我還沒那麼急，只想享受母女依偎以及戀愛的日子。請問我如何才能不與公婆撕破臉？

問題原來在這裡！

妳是出於同情及親情才主動搬去與公婆同住，現在他們已漸接受傷痛面對孩子已逝，且女兒們亦常回去探望，妳當然可以離開婆家自組單親家庭。只是公婆在妳身上看到兒子的影子，對妳的心理依賴愈深，甚至對妳產生不合理的期待，希望妳一輩子待在他們身旁，老人家缺乏安全感，總是為自己想，才會產生分離焦慮。

是否交男友與妳搬出去住是兩回事，千萬別讓公公模糊了焦點，所以妳沒有必要告訴兩老。不妨直說，原來就是小家庭，現在也要回歸小家庭，不論丈夫還在與否，自己的日子還是要過下去，現在是二度單身，得重新規劃自己的未來，但公婆永遠是孩子的爺爺奶奶，血緣長存，婆媳及祖孫親情也不會因不住在婆家而變淡。妳一定要常常在兩老面前重述，他們才會逐漸接受妳們母女搬出去。

想談戀愛並沒錯，但是單親家庭的親子關係居首位，先陪女兒適應兩人家庭，戀愛不要太明顯太瘋狂，還是循序漸進，女兒才能接受。一旦女兒可以接受，以後公婆知道了，才能放心。倘若未來發展到婚嫁階段，妳當然得當面告知公婆，委婉又低姿態，他們縱使不願又不捨，也只好勉強接受。這種事真的不容易進行，妳得有耐心一邊說服一邊安慰公婆，讓他們覺得被重視，而不是被拋棄。

因為深愛丈夫，乃在丈夫過世後帶女兒搬去婆家住，替丈夫盡孝道，安慰兩老，真是個好媳婦。住了一年多，漸感受到自己的隱私需求及未來人生規劃的現實性，但婆家人對於她想搬出來自組單親家庭的計畫力表反對，其實是有點自私，女兒們出嫁後都常回來探望父母，媳婦搬出去後，必也會常帶孫女回來看爺爺奶奶。

婆家人若肯讓媳婦離開，媳婦也會覺得不捨及感激，無形的親情之線必定長牽著。大姑小姑應幫忙勸告父母，媳婦是半個女兒，就當作女兒離家嫁出去，所以即使日後媳婦改嫁也該替她高興，且小孫女又多了一個爸爸疼愛，生活才沒有缺陷。凡事要替別人想，且往好的方面想，則皆大歡喜。否則公婆怨，媳婦怕，以後的互動必定減少，親情也就疏離了。

財務篇

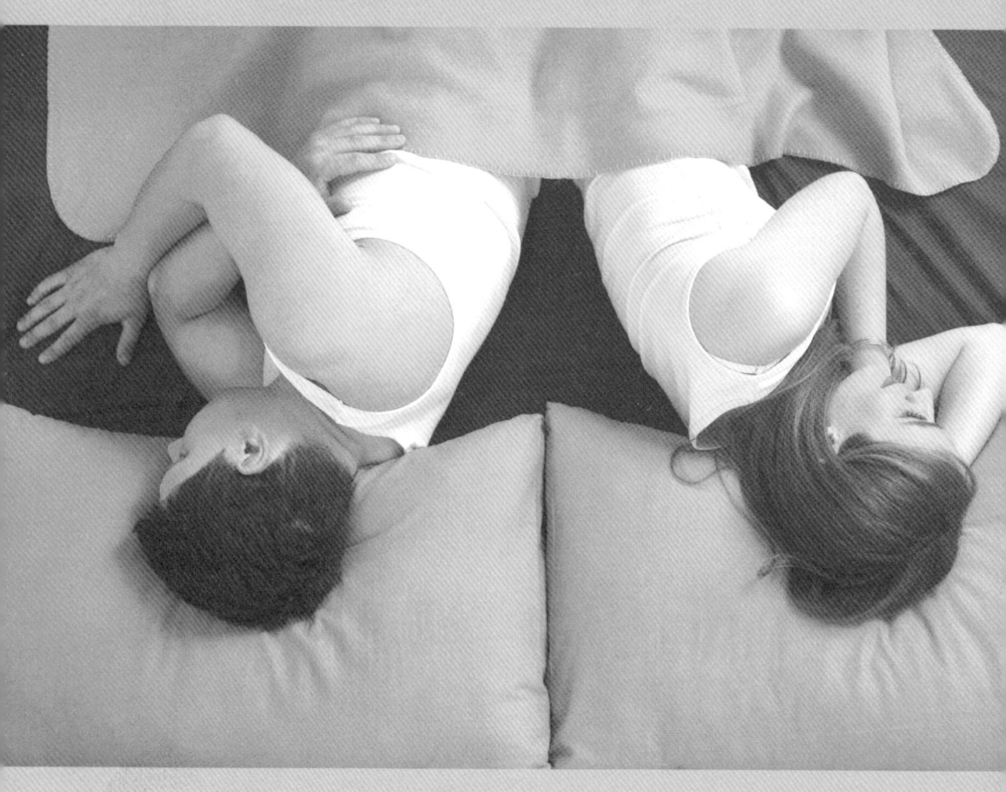

聰明女人糊塗心

奇怪耶！怎麼會這樣？

夫妻都失業，長期在家，以前總是渴望兩人膩在一起，可是眼前被房貸壓得喘不過氣，甚至有點後悔結婚。老公可能失業較久加上挫折，有鴕鳥心態，也不積極找工作，請問我該怎麼勸導他，讓他明瞭我的壓力。

家裡的經濟是我掌控，老公又愛面子，禁不起我的言語，常常一開口就吵，無法順利溝通。老公喜歡挑工作，真的很不成熟。做妻子的我真的很想死，因為不知道如何教導不成熟的老公一起攜手度過這個難關？請給我一點方向跟建議？。

問題原來在這裡！

失業本身就是壓力，房貸更是長期壓力，因此夫妻各自就已承擔了極大的壓力。因為先生是男人，妳對他有較多的期待，且擔心他失業太久，找工作更不易，很希望他能把握眼前抓得住的工作，而他偏偏愛面子，不喜歡的工作寧可不做，他內心何嘗不著急，壓力已經夠大了，妳怪他不體諒妳的壓力，他卻怨妳不瞭解他的心理，雙方口氣都不好，越吵越糟。

面臨難關當然要攜手共渡，現實問題還是要處理，想離婚想去死都是不願面對現實的氣話，老公不是不成熟，他是不想被施壓，妳越壓他，他越反彈。想要他合作，就得抓住他的心理。第一個方法就是拋開妻子對丈夫的期望，停止嘮叨，以朋友身份與丈夫對等地商量開源節流之道，也就是兩人一起來管理家中經濟。當他感覺被尊重被看重時，才能打開溝通管道，集思廣益。

倘若溝通不成，第二個方式就是隨他去，讓他做他自己愛做之事，妳則努力找工作，或創業，與其花時間心力生氣，不如自己想辦法，妳忙妳的，必有收穫，而他壓力減少，心情也經過沈澱，看到妳那麼努力，他必會覺得不好意思，可能就不會那麼固執愛面子了。

面臨失業與房貸，夫妻都感到生活中壓力沉重，妻子較情緒化，著急之情溢於言表，希望丈夫有工作就做，而丈夫卻在心中不斷盤算如何找到合意的工作，兩個人從未坐下來好好溝通想法與感覺，一開口就吵架，導致互相指責對方。

妻子就更情緒化了，後悔結婚及想死的話都說出來了，一心想掙脫目前窘態，其實還是困在網內，她能幫助自己的是情緒管理，而夫妻該一起做的則是學習溝通與開源節流。

兩代的奉養金心結

奇怪耶！怎麼會這樣？

結婚十年育有二子，去年岳父被裁員，就剩下岳母的公務員收入，他們最近開口向三名子女要求每個月各貢獻一萬元回饋父母，我太太當然願意，但我卻感覺到不舒服。太太生老大時就辭掉工作在家照顧小孩，我一份收入要養一家四口，現在還要撥出一萬元，財務很緊。

岳父母並未直接跟我說此事，而妻子也認定我會照做。我認為妻子的收入撥出一部分孝敬父母是天經地義的事，請問我能開口要太太出去找工作嗎？

問題原來在這裡！

經濟不景氣，岳父現在要找工作必定不容易，高不成低不就，雖然岳母的那份薪水穩定，他倆省著花用應該足夠，但老人家總是缺乏安全感，本著養兒防老的觀念提早要求子女回饋，對於還年輕的你們來說，其實是頗大的財務負擔。照理說，這麼大的一件事，牽扯到兩代四個家庭，本來應該召開家庭會議討論，讓家人及女婿們能有共識，但女兒已答應要用你的薪水支應，你覺得有點被強迫，不被尊重的感覺。

雖說這是非常時期，但父母會越來越老，更需要經濟協助及情緒照顧，這是必須從長計議的。儘管每家經濟情況不相同，但在能力範圍內孝敬父母是應該的，以你目前的情況看來，如果手頭太緊，與妻子商量是否每月先致送五千元，也得當面向岳父母說明並致歉，以後狀況好時必定調整。

現在孩子稍大，妻子外出工作是個好主意，以免埋沒人才，且可增加收入，但也得尊重妻子的意願，夫妻倆需要懇談，是做全職還是兼職，甚至在家工作，也得計算外出工作與在家照顧小孩的時間及金錢成本與支出。另外，岳父母若住在附近，能幫忙照顧下課回家的孩子是最理想的。總之，會有一些方式可以開源節流，最重要的是全家人要有共識，能同心一致努力。

搶救婚姻大作戰

單薪家庭要養育又要儲蓄，的確經濟吃緊，而岳家由雙薪轉為單薪家庭，兩個人的花費其實也夠，只是老人家沒有安全感，乃開口向子女要錢以為積蓄，對於單薪的女婿而言實在非常為難。因此，協商就成了重要途徑，溝通更不可缺，小夫妻先協商，然後兩代四個人一起開會討論。要讓岳父母知道你們目前的經濟狀況，然後承諾父母年老時，小輩必然會奉養，不只是金錢，也會照顧。

妻子兼差既可照顧小孩又有收入，自己也有成就感，的確是個好方法，不過當初辭去工作就是為了照顧小孩，所以如果能在家裡兼職，例如做接案或上網做生意，亦是兩全之計。

我家的金融風暴

奇怪耶！怎麼會這樣？

以往我們每年都會帶孩子去東京或香港的迪士尼樂園玩，由於金融風暴，去年我們只去墾丁渡假。今年仍然不景氣，且我剛換工作，甚為忙碌。一週前妻子說她工作太累需要休息，想帶孩子去香港玩玩。

不想起爭執，我隨口說好。她每天與孩子討論旅遊計畫，老大堅持要老爸同行，妻子暴怒。當我開始談論我的感覺，她就跟我吵起來，罵我自私，請問我該如何讓她瞭解我？

問題原來在這裡！

由於經濟因素及你工作忙碌，妻子想帶孩子出國玩喘口氣，她以為你會欣然答應，你何嘗不想與家人一起出遊，所以你感到被忽略，很想要大家延後一陣子再一起

去，又怕妻子生氣，只好口是心非地答應，心裡卻非常失望。尤其隨後幾天看到妻子兒女熱烈地討論行程，毫無參與感，也有失落感。

老大比較貼心，首先發難，表明希望爸爸能去，正好觸動你的情緒，你想訴說感覺讓妻子改變主意，至少可以問問你的意見，多與你商量，但她已打定主意非去不可，她認為你在干預她，因此火冒三丈引發口角。其實這件事兩個人都有錯，妻子早就想和孩子去渡假，事先沒徵詢你，是否你不去，且後來逕與孩子討論；而你的問題則在於想法不夠透明，明明不想母子單獨去，當時不表達，後來才會引起爭執。

妻子工作也很辛苦，她當然有權休假。如果你的考量除了本身參與外還有經濟因素，則可建議妻子與同事或朋友去渡假，全家旅遊可延至下一次大家有共同假期時，或者她們母子縮短行程，減少開支。即便你不去，妻子還是得與你商量，讓你知道一切，家中大小事應是夫妻共同決定，當然也可徵詢孩子的意見。夫妻同心互相支持最重要。

搶救婚姻大作戰

隨著孩子漸長，全家出遊是必需的。經濟許可的話，每年可安排一次大旅行一次小旅行，國外國內都好，除了帶孩子見世面遊覽風景外，最主要是家人在外面有相聚的空間與時間，這是與在家吃飯看電視完全不同的互動經驗，由很多小地方可以更了解孩子的想法與行為，也可提升親子關係。

有時父母有一方忙碌無法分身，另一方單獨帶孩子去小旅行，也是一種新體驗，並無不妥，但至少要輪流，不能每次都是母親帶，如此有失公平，也剝奪了父親與孩子相處的機會。另外不要忘了，夫妻每年也要有好幾次單獨相處的小旅行，才能增加親密感。

真的樂透了嗎？

奇怪耶！怎麼會這樣？

三十歲時認識A君，當時他意氣風發，有高薪有信心，四年後我們結婚了，過了好幾年頂客族的快樂生活。兩年前他被裁員，找過幾個工作，高不成低不就，只好在家接一些零星案件，家計大多是靠我這個臨時秘書的兼差工作收入來支撐，很不寬裕。

他天天買樂透，夢想發財，沒想到真的中了二百萬，扣掉稅還有一百六十萬，改善了我們的經濟，他要我不要兼差了，陪他遊山玩水。他今年五十歲，萌生退休之念，而我才四十二歲，還想工作，何況我的臨時秘書工作駕輕就熟又不用每天上班，唉，怎麼辦？

問題原來在這裡！

聽起來你們夫妻感情好，妳一直體諒A君懷才不遇，縱容他不去找工作，他本來就已失去信心與鬥志，妳的收入勉強夠用，兩人也就得過且過了。即使五十歲，至少還有十年可奮鬥可衝刺，十年的努力可造就多少成果與回憶？而妳才四十二歲，又如此喜歡自己的工作，當然應該繼續做下去，免得與社會脫節。

老天眷顧妳先生讓他中樂透，這個激勵應是啟發他的動力，在興奮與感激之餘重新出發，而不是萌生退休之意，從此養老，何況一百多萬也用不了多久，到時候又老又病怎麼辦？從現實觀點往好處想，中獎帶來好運，該是重新振作的時候了，不妨雙管齊下，將標準及要求降低，積極出去找工作，同時在家成立工作室，沿用舊關係找客戶，建立口碑，再開發新客戶。

兩個人坐下來好好商討長遠之計。既然妳的工作是兼差，可以在家協助先生管理工作室，以助理或秘書名義接電話及處理行政事宜，讓工作室制度化。即使他在外未能找到合宜工作，在工作室亦可發揮所長，建立信心。當然這筆獎金也要做良好規劃，一半當作工作室投資，一半做儲蓄，先不要去遊山玩水，周末小旅行散心培養情趣則可。

搶救婚姻大作戰

四、五十歲被裁員，的確不容易再找到稱心如意的工作，A君在高位習慣了，不想將就工作。以他的才華及經驗，只要有人脈，自己開工作室接案不失為創業好途徑。妻子不妨多鼓勵先生運用舊日關係連絡客戶，自己也可藉著兼差秘書的工作替他開發新客戶，因此本來就熱衷兼差秘書的妻子當然不該輕易放棄工作。

買彩券是買希望，不管生活多苦都懷抱著希望。一旦中獎了，那是天上掉下來的禮物，要知道感恩並好好珍惜這筆小財富，善加利用，而不是整日遊山玩水或大筆揮霍。原來經濟不寬裕的日子還不是照過，現在有了這筆錢就有了後盾，更該努力工作。

賭徒丈夫哀怨妻

奇怪耶！怎麼會這樣？

先生染上賭博，賺的錢自己花都不夠，家庭小孩不顧，結婚十幾年，全靠娘家救濟過活。跟公公婆婆反應，他們要我自己去賺錢，且照顧孩子、家事我自己做，放假及祭祖日（一年三十幾次）還要回婆婆家做家事，我有賺錢時要給小嬸一些錢，因為她有回婆家幫忙煮飯，而小叔多年沒工作！

我做家庭主婦已經十幾年，沒有一技之長，現已步入中年，去那裡找可以配合他們家祭拜時間、不用加班晚上可以照顧小孩、可以賺到足夠一個家庭開銷跟給小嬸的錢的工作！我該如何做？

問題原來在這裡！

賭博令人喪志，自身難保，妳靠娘家接濟撫養小孩十數年真不簡單。公婆心向兒子又覺得妳有娘家可依靠，理所當然認為妳該支撐家庭並照顧婆家，而妳亦傳統順從，縱使身體勞累心裡委屈，還是與公婆叔嬸和睦相處，很了不起，但似乎忍耐已到頂點，心裡質疑為婆家做牛做馬是否值得。

平均一個月三次回婆家祭祖做家事還算合理，至少全家人可見面聯絡感情，但小叔沒工作，妳要給妯娌錢用就很過分了。兄弟各自成家後各有家庭及開銷，小叔妻也是命苦，嫁個丈夫沒收入，妳也差不多，因此從實際面來看，給她魚吃不如教她釣魚，可以在家做些代工，不無小補，也有成就感。或請婆婆幫忙帶小孩，她可以出去兼差，甚至妯娌一起開個小麵攤或其他小生意。以你們目前的狀況，光節流是不夠的，開源才是要務。

小家庭的運作要靠夫妻同心，聽起來夫妻互動甚少，妳雖與孩子相依為命，心理上仍感孤單，公婆寵兩個兒子，媳婦就很辛苦。不過孩子已逐漸長大，漸能體諒母親的心境，母子可以一起規勸父親，他多少會感到壓力，而妳也得開始找回自我，不必事事順從婆家，以自己及小家庭為主，婆家之事可與婆婆及小嬸分工合作，主要是讓自己感受到不受制於人，有時可喘口氣，讓心情好些。

先生有賭博惡習就是不負責任，無法照顧家庭，妻子求助於婆家，免不了應婆家要求做家事，而公婆衛護兒子，且認為媳婦有娘家金援，反而對媳婦的要求增加且視為理所當然。一個再傳統的女人，在一個沒有愛的婚姻及缺乏關愛的婆家中待十幾年，必然無法忍受不被尊重、沒有自我的生活，很想尋求突破。

這位好妻子感嘆已屆中年，生活未改善，反而擔子越重，來信想尋求解決方式，並沒有怨天尤人，更未想過離開婚姻，的確是個善良女性。儘管丈夫再沒用，她還是要這個家，因此目前能做的就是先自婆家獨立出來（形式上與實質上不再事事以婆家為主），以自己的小家庭為重，至少可以減輕經濟壓力及心理負擔，也可以多留點時間給自己。

其他

擺脫「張太太」更自在

奇怪耶！怎麼會這樣？

我離婚三年，兩個小孩升國中，已能適應單親生活，倒是我被離婚後的稱呼困擾。孩子同學來我家玩，理所當然叫我張媽媽，因為孩子姓張。更煩的是每次去孩子學校，老師都叫我張太太，家長日時與其他家長互動，我也被稱張太太，我總不能當眾宣布我已離婚，或規定人家不准叫我張太太吧，真的好煩！

問題原來在這裡！

聽起來孩子很習慣也很自在地與妳過單親生活，但妳離婚之事似乎沒有很多人知道，是妳還沒準備好公諸於世，還是妳認為離婚不光彩，很難啟齒？都已經三年了，孩子現在的同學有些可能是國小時的同學，應該彼此很熟才對，他們應該知道這是單親家庭，但他們重視的是與妳孩子的友誼，不論是到妳家玩或在路上碰到，「張媽媽」是孩子們唯一知道的禮貌稱呼，何況妳的小孩真的姓張，當然要接受此稱呼且予以回應。

不知者不罪，許多家長之所以稱妳張太太，也是因為孩子姓張，而妳跟她們有互動，也是因為孩子在同一個學校念書。對於較為熟悉且常有接觸的家長及老師，不妨帶著笑容親切地說，「我姓林，可叫我林小姐或林女士，當然也很歡迎叫我的名字，謝謝妳！」至於只是在家長日碰面禮貌性點頭的家長，則隨他們叫妳張太太吧，不用放在心上。

離婚是不得已的事，但並非壞事，就因為不能夠與前夫共同生活，所以才辛苦地經營單親家庭，將事實攤在陽光下，證明妳的決定是對的，人家才會更敬佩妳。不論婚後有無冠夫姓，離婚之後，妳就是林小姐或林女士，不需要宣布離婚也可以使用這些稱呼。

搶救婚姻大作戰

現在冠夫姓的人已經很少，不過即使不冠夫姓，小孩的母親還是一樣被人家稱呼張太太或者張媽媽，的確是很有趣的現象，這是一種傳統，一種習慣。其實稱呼只是人際關係中的禮儀，是一種愛好，並不表示一定姓張，所以並不重要。

最簡單的方式就是直呼其名，例如「叫我美蘭就好」，也可以跟孩子的同學說「叫我美蘭阿姨」，聽起來更個人化更親近，這樣的稱呼離不離婚都可以用，小孩也不會覺得尷尬。無論如何，不要因為自己的執著而傷害了小孩的感覺。

分享父愛

奇怪耶！怎麼會這樣？

大四時不慎懷孕，知道時已晚，只好休學生下來，男友出國留學未實踐接我們去的諾言，我傷心痛恨，次年嫁給A君，他非常疼愛我們，一直過得很幸福。去年母親臨終時透露秘密，女兒才知生父是誰，以及他們家在哪裡。

高一的女孩居然自己跑去生父年邁的父母家裡，他當然已婚另外住。兩老對她極冷淡，並否認有這個孫女，女兒哭著回家，我才知道這件事，她也一直為此事悶悶不樂。如今她已大三，有了男友的支持，她更想與生父相認，我與他生父老死不相往來，該如何幫助她？

問題原來在這裡！

如果當初妳自己告訴女兒有關生父之事，母女分享秘密並交流情緒，而不是由外婆告知，女兒就不會因衝動行事而大受打擊。由於妳還恨她生父，覺得此人不值一顧，就很難去同理女兒孺慕之情。看她悶悶不樂，雖想幫她完成心願，卻不知如何下手，也很擔心她再次受打擊。

最好是誠實向女兒述說不堪回首的往事，當時雙方都年輕，妳做的是愛情大夢，男友卻還未準備好負家庭責任，只想享受他單身的留學生活。告訴女兒，母女各自對此男人的心情是不同的，但妳願意和她好好溝通，協助她釐清想要與生父相認的理由，以及她是否準備好在見面時可能發生的各種情況。

也許他父母不想要私生女來破壞兒子目前的婚姻生活，才忍痛不承認血親，但生父已步入中年，經歷過許多事，應該有可能會珍視與女兒的連結，可以一試。只是她得記取上次的經驗，要做最壞的打算。因此不妨建議女兒先以電子郵件或書信聯絡，發信前多唸幾次斟酌字句，附上近照，並邀請父親與她聯繫。此外，請她去找學校的心理諮商師談談也會有幫助。

女兒想找生父的好奇心、孺慕之情是可以理解的，但她的魯莽行事及被冷淡對待造成她的鬱悶，母親得負相當大的責任。因為痛恨男友，從不願提起他，但她得有心理準備，有一天必須告訴女兒實情。因為她不準備說，外婆才會著急，不得已在臨終時告訴孫女。既然知道了，母親應趁此機會好好與女兒溝通，聽聽她的心聲，兩人可以一起計畫下一步。

小女孩上門找生父，爺爺奶奶請她吃閉門羹。他們可能是在為保護已婚有家庭的兒子，也或許與兒子關係不佳，不想理會他在外之事？無論如何，兩老沒有權利剝奪小女孩與父親相認的權利。認不認是父親的事，很少父親會不相認的，但往後感情的親疏，就得看父女之間的互動如何了。

化傷心為力量

奇怪耶！怎麼會這樣？

我迷上六合彩，陸續跟親友借貸。前夫的薪資根本不夠我輸，何況還要養兩個小孩和支付生活開銷，輸的那些錢是我自己賺的。我賭雖不對，但我真心為這個家付出，房子已過戶給他，我們離婚了，我很無奈，愛他很深，四個月來痛苦不已。

習慣有他的日子，只想再回到他身邊，但他交了一個網友，每次看他上線跟對方聊天我就心如刀割，有點活不下去。朋友都要我放下，可我放不下也拋不開，每天都幻想以前的美好時光，好苦。有些人離婚後可以生活得多采多姿，為什麼老天爺要如此折磨我？

問題原來在這裡！

妳雖曾有收入且小有積蓄，但迷上六合彩，老本輸光不說還向親友借貸，妳先生看妳如此沉淪，苦勸無效必然擔心、痛苦又傷心。不論妳本性多善良多顧家愛小孩，一旦迷上賭博，妳的精神及金錢全賠上去了，哪能全心全力相夫教子？丈夫必然因失望而與妳失和，最終走上離婚之路。

老天並沒有折磨妳，是妳在折磨自己。賭博的最終代價通常是傾家蕩產，家庭關係破裂，是妳自己賭掉了婚姻與幸福。既然離了婚，男婚女嫁就各不相干，丈夫有權利交女友，妳嫉妒難過或沉緬過去只是在折磨自己。不要怪老天或任何人，應該記取教訓，重新做人，化傷心為力量，從哪裡跌倒就從哪裡爬起來。

戒賭是第一步，找工作按時上下班，保持生活規律是第二步。生活上了軌道再去見孩子及前夫，他們會很高興再看到妳。當妳有資格做好母親時，前夫必然會尊敬妳的。不論他是有女友或已婚，至少你們還可以做朋友，也永遠是孩子的母親。若前夫還是單身，說不定可重新交往，一切隨緣，不可強求，但前提是妳得洗心革面，永遠不要再賭了。

搶救婚姻大作戰

丈夫好賭博，家庭經濟必出問題，連帶影響夫妻、親子關係；反之妻子迷上六合彩，即使不用丈夫的錢，一樣會影響家庭關係。丈夫的薪資雖不多，但他努力工作，希望過安穩的家庭生活，而妻子好賭，即使她在家時對孩子再好，仍是一個賭徒。丈夫苦勸無效，對她失望至極後，對她的愛也消失了。

這位妻子悔悟的太遲了，當愛的感覺消失，前夫只視她為孩子的母親，頂多當朋友，已無法恢復從前的感情，因此她的盼望可能會成為空想，但這不是世界末日。她從前就是不愛自己，所以沒有能力全心愛家人，現在唯一能做的就是先愛自己，將自己整頓好，才能有自尊，亦即先自愛而人愛之，自重而人重之，未來的人生才會是彩色的。

父母戰爭的停火線

奇怪耶！怎麼會這樣？

聽媽說姊夫好像有外遇，姊姊常吵鬧，為此我特地趕到南港探望。一進門就聽到夫妻大聲對罵指責，兩個孩子在房間內玩電動，聽若無聞。不知孩子已經習慣父母的爭執，或者是現代水蜜桃族的冷漠？

這在我長大的家庭是從沒發生過的，我真心疼兩位外甥。請問父母這般爭吵對孩子影響為何？以後會不會影響他們成人感情關係？

問題原來在這裡！

父母尖聲爭吵、打架或充滿怒氣地冷戰時，共同生活的小孩內心所受的驚嚇及傷害不可謂不深遠。表面上看起來他們處變不驚，其實他們是裝作沒事，尤其當他們不知爭吵原因時，納悶成了心中的沉重石頭。孩子們其實不懂也不在乎父母誰對誰錯，他們只希望父母能停止爭吵，恢復原來的和諧與安寧。

父母爭吵是對子女教育做出最壞示範，但仍有機會補救。如果他們能夠在孩子面前溝通、互相道歉並和好，則為良好示範。不過以令姊夫妻的情況看來，外遇問題一時無法解決，但至少他們應向孩子道歉，不該無視他們的感覺。請孩子給父母一個學習的機會，他們會盡力以成熟態度來解決夫妻間的問題，尤其不能當著孩子的面爭吵。

請向姊姊及姊夫表達擔心爭吵對孩子的影響。據研究顯示，父母不合家庭的孩子比單親家庭的孩子人格易受影響、心理不健全，也許他們的第一反應是窘迫且怪妳多事，但經過妳的提醒及回顧幾次爭吵後，他們也許會有自覺，發現這些行為已造成家庭氣氛不同，這樣的吵法只會讓感情變壞且危害孩子，必須換個方式。

搶救婚姻大作戰

夫妻吵架必是互相指責、聲音高亢且言詞不雅，若在孩子面前吵，還加上凶惡或悲戚的表情，呈現給孩子的資訊都是負面的。幼小的孩子會因害怕、不確定、沒安全感而無助，大一點的孩子雖然知道父母不是因為孩子們而吵，但在擋不住的吵架聲中，他們已提早見識到大人世界醜惡的一面，並學到了責罵的尖酸用詞。

冷戰也是一樣，父母冰冷的表情、敵意的眼光及不情願的動作，同樣帶來不良影響。因此為人父母者切記，因意見不同而爭辯某事，若是有教育性的，可以在孩子面前行之，但若是言詞責怪對方，甚至動手，則絕對不可在孩子看得見或聽得到的地方演出。大人們往往太陷入於自己的痛苦、憤怒或防衛中，以至於忽略了家中還有孩子，即使無心，也不應波及無辜的孩子。

共伴天涯

奇怪耶！怎麼會這樣？

A君是我大學同學及好友，今年三十二歲，他常來我家吃晚餐，我妻子小孩均喜歡他。他在網路上認識來台工作的日本女孩英子，現已結婚，看他倆甜蜜，我們也很快樂。

目前他們有個半歲大的兒子。A君昨天告知決定隨英子回日本居住，因妻子認為對小孩教養較佳。朋友們都不贊成，A君在台灣的工作很好，去異國得重新開始，日文也不會，夫妻是用中英文夾雜交談。請問如何拯救這個不被看好的婚姻？

問題原來在這裡！

如你所見所言，A君與英子婚前熱戀婚後甜蜜融洽，還生了兒子，夫妻為了孩子的將來，願意放棄目前的穩定生活，回到英子的祖國定居，這不是小決定，夫妻倆必

然經過長期思考多次討論。這期間他們沒有徵詢朋友的意見，因為這是家務事，做成決策後才向朋友宣布。身為好友的你一時無法接受A君要從你生活中消失的事實，相當不捨。

A君在台灣已紮根，而英子似乎也很能適應台灣生活，也會講點國語。舉家回日本定居，一切得重頭來，的確是大挑戰，但夫妻倆願意接受挑戰也不怕吃苦，他們有共同的人生目標及願景，且願意與好友們分享決定，就是希望得到好友的鼓勵與支持，甚至貢獻些正向意見。

異國通婚成功率很難說，離婚收場不少，但白頭偕老的也比比皆是。以A君及英子的婚姻看來，英子講國語也了解台灣文化，A君去日本後若能學日文融入日本文化，彼此尊重對方文化並互相學習，婚姻是有前景的。身為好友，你的任務是祝福A君一切順利，並告訴他不論事情如何發展，你永遠都會支持他。

搶救婚姻大作戰

一般人對異國婚姻總是不看好，不同文化背景且以非母語來溝通，容易產生誤會，再加上姻親相處的問題，等到激情過後心力交瘁時，也就勞燕分飛了。好朋友總是會替他擔心，尤其原本在台灣做得好好的，為了妻子與孩子，寧可放棄台北的一切而去異國重新來過，這需要很大的勇氣與決心。

婚姻如人飲水，冷暖自知。案例中的異國鴛鴦必然感情深厚，克服過不少阻礙與困難，他們有信心，不論在台灣或日本，都是他們的家，這是因為愛將他們連結緊密，愛給他們信心及願景，應該祝福他們。

智慧系列06

激情向左，愛情向右——幸福婚姻99招

金塊文化

作　　者：林蕙瑛
發 行 人：王志強
總 編 輯：余素珠
美術編輯：JOHN平面設計工作室

出 版 社：金塊文化事業有限公司
地　　址：新北市新莊區立信三街35巷2號12樓
電　　話：02-2276-8940
傳　　真：02-2276-3425
E-mail：nuggetsculture@yahoo.com.tw

匯款銀行：上海商業銀行 新莊分行（總行代號 011）
匯款帳號：25102000028053
戶　　名：金塊文化事業有限公司

總 經 銷：商流文化事業有限公司
電　　話：02-2228-8841
印　　刷：群鋒印刷
初版一刷：2012年9月
定　　價：新台幣260元

ISBN：978-986-88303-4-9（平裝）
如有缺頁或破損，請寄回更換

團體訂購另有優待，請電洽或傳真

國家圖書館出版品預行編目資料

激情向左,愛情向右：幸福婚姻99招 / 林蕙瑛著.
-- 初版. -- 新北市：金塊文化, 2012.09
面；　公分. -- (智慧系列；6)
ISBN 978-986-88303-4-9(平裝)
1.婚姻 2.兩性關係
544..　　101017123

願天下有情人終成眷屬，
更願天下眷屬均為有情人！

金塊文化